NOTICE

SUR

M. L'ABBÉ MOTTE,

CHANOINE ET CURÉ

DE LA MÉTROPOLE DE ROUEN.

Décédé le 28 Novembre 1844.

97

NOTICE

SUR

M. L'ABBÉ MOTTE,

CHANOINE ET CURÉ

DE LA MÉTROPOLE DE ROUEN,

Décédé le 28 Novembre 1844.

PAR UN DE SES ANCIENS VICAIRES.

SE TROUVE, A ROUEN,

CHEZ FLEURY FILS AINÉ,

Libraire de Mgʳ l'Archevêque et de la Faculté de Théologie, place S.-Ouen, nᵒ 4, près l'Église ;

Chez E. LEGRAND, Libraire, rue Ganterie, nᵒ 26 ;

ET DANS TOUTES LES ÉCOLES DES FRÈRES.

1845.

NE perte des plus douloureuses vient d'affliger tout à la fois la ville et le diocèse de Rouen. M. l'Abbé MOTTE, chanoine et curé de la Cathédrale de Rouen, est décédé dans la nuit du 27 au 28 novembre, dans la quatre-vingt-quatrième année de son âge. Quelques mots sur les principales époques de sa vie montreront combien sa carrière fut pleine, et à quel juste titre il s'était acquis l'estime et la vénération de tous.

M. Jean-Noël Motte naquit à Auberville-la-Manuel, diocèse de Rouen, le 19 avril 1761, d'une famille aisée et honorable du pays de Caux (1). Ses parents, bons cultivateurs, lui procurèrent le bienfait inestimable d'une première éducation, simple, solide, et surtout chrétienne. De bonne heure, le jeune Motte se fit remarquer par sa piété et par la maturité de son esprit. Ses pensées se dirigèrent bientôt vers l'état ecclésiastique, auquel il semblait comme prédestiné dès son enfance. Il fit ses premières études d'humanités sous la direction de prêtres, d'ailleurs livrés aux fonctions du saint ministère, et qui croyaient ne pouvoir faire un plus digne usage de leurs loisirs qu'en les consacrant à préparer aux études sacrées les jeunes aspirants au sacerdoce. Ces pieux instituteurs n'eurent qu'à se louer des soins qu'ils prodiguèrent au jeune Motte. Travailleur infatigable, il répondit dignement aux efforts de leur zèle, et dès-lors on put prévoir ce qu'il deviendrait par la suite. Malgré sa modestie, qui l'éloigna toujours de ce qui eût été capable de le faire briller aux regards des hommes, on put reconnaître en lui une singulière aptitude pour les études sérieuses. Long temps après, quoique des soins beaucoup plus graves ne lui eussent guère laissé le temps de s'occuper de littérature, il était facile de s'apercevoir qu'il s'était pénétré profondément des bons auteurs, et qu'il y avait puisé un goût sûr et éclairé dont il ne cessa de donner des preuves.

Vers l'âge de vingt ans, il entra au séminaire Saint-Nicaise de Rouen, actuellement séminaire diocésain. Il y fit, selon l'usage adopté alors, ses deux années de philosophie (la première était consacrée à la philosophie proprement dite, la seconde aux études de mathématiques et de physique). Le professeur de philosophie était alors un savant et vénérable ecclésiastique, M. l'abbé Faucon (2), dont les sages et solides leçons n'ont pas peu contribué à donner à l'ancien clergé de Rouen cette justesse et cette maturité d'esprit qui le caractérisent. M. Motte ne tarda pas à se faire remarquer de cet excellent professeur, qui le regardait comme l'un de ses meilleurs élèves. Il se distingua aussi dans son cours de physique, et montra surtout une aptitude toute particulière pour les sciences mathématiques.

Sa philosophie terminée, il entra en théologie et reçut les leçons de MM. Tuvache et Baston, professeurs distingués, dont les écrits font encore la gloire de l'ancienne école de théologie. M. Motte, dès-lors, ne se montra pas un simple élève, il n'avait pas seulement en vue de se mettre en état de répondre d'une manière satisfaisante aux examens et épreuves alors en usage; mais plein d'ardeur pour la science ecclésiastique, il étudiait à fond les matières, s'attachait à remonter jusqu'aux sources sacrées, et se trouvait quelquefois consulté par ceux mêmes que son humilité lui faisait regarder comme ses maîtres.

Le jeune et laborieux étudiant avait, pendant son cours de théologie, reçu les ordres mineurs, et rien ne s'opposait de la part de ses supérieurs à ce qu'il fût admis aux ordres sacrés. Mais de pieux et respectables scrupules le firent hésiter pendant quelque temps. Effrayé à la vue des devoirs et de la sublimité du sacerdoce, dont plus que tout autre il savait apprécier la sainteté et la grandeur, il craignait de n'être pas digne d'en remplir les redoutables fonctions, il demanda et obtint qu'il lui fût donné quelque temps pour réfléchir et étudier plus mûrement sa vocation.

Il sortit donc alors du séminaire Saint-Nicaise; mais loin de s'abandonner à la dissipation du monde, il n'en continua pas moins de se livrer à l'étude. Un ecclésiastique, M. l'abbé Baillemont, qui tenait alors une pension dans la ville de Rouen, le prit au nombre de ses répétiteurs. Il passa environ dix-huit mois dans cette maison, et y remplit, avec une assiduité exemplaire, les devoirs qui lui étaient imposés. Plusieurs honorables habitants de la ville et du diocèse de Rouen furent alors confiés à ses soins, et il n'en est pas un seul qui n'ait conservé, à son égard, les sentiments d'une affection sincère et d'une vive reconnaissance.

Enfin Dieu, qui l'appelait à faire tant de bien dans son église, mit un terme à ses doutes et à ses incertitudes. M. Motte, aidé par de sages conseils, se détermina à se présenter aux saints ordres. Dans cette vue, et pour s'y préparer, il entra au séminaire Saint-Vivien. M. l'abbé Pottier, alors supérieur de ce séminaire, ne dissimula pas sa joie de voir un sujet si précieux acquis définitivement à l'Église. Il voulut à peine lui permettre de subir les examens d'usage, et il fut successivement ordonné sous-diacre à Pâques 1787, diacre en septembre de la même année ; enfin, prêtre à Pâques 1788. Immédiatement après sa promotion au sacerdoce, M. Motte fut employé au saint ministère. Mgr le cardinal de Larochefoucauld le nomma comme clerc des sacrements remplissant les fonctions de vicaire à la paroisse de Saint-Nicolas de Rouen (maintenant enclavée dans celle de la cathédrale). Cette paroisse, peu populeuse, n'eût pas fourni une occupation suffisante à l'activité de M. l'abbé Motte, on le chargea en même temps de diriger les religieuses de Saint-François, dont la communauté était située dans la rue des Capucins, vis-à-vis le premier monastère des Ursulines.

Cette seconde nomination eut une grande influence sur le ministère de M. Motte dans la ville de Rouen. Il était à peine prêtre depuis quelques années, que l'église de France fut affligée par les premiers orages de la révolution. Un serment contraire à leur conscience fut exigé d'abord de tous les prêtres qui exerçaient des fonctions officielles dans les paroisses. M. le curé de Saint-Nicolas, ainsi que les autres curés et vicaires en titre, furent obligés de renoncer à l'exercice public de leurs fonctions ; les églises paroissiales furent fermées ; mais, du moins dans les premiers temps, il n'en fut pas de même de quelques communautés religieuses, et en particulier de celle de Saint-François.

M. Motte, comme directeur de cette communauté, put donc plus facilement qu'un grand nombre d'autres prêtres recevoir les personnes qui lui donnaient leur confiance. Quoique jeune, il avait su déjà se concilier l'estime et la vénération de tous par sa science, sa sagesse et sa piété. On vint donc en foule réclamer les secours de son zèle, et dès ce moment, il commença à devenir véritablement l'homme de la ville entière.

Bientôt la persécution devint plus injuste et plus atroce encore que par le passé. On était pleinement sous le régime de la terreur, et tous les prêtres, sans exception, à moins de tomber dans l'apostasie, durent renoncer à exercer publiquement leurs saintes fonctions. Beaucoup d'entre eux se résignèrent à l'exil; M. Motte, que déjà tant de titres attachaient à Rouen, ne put se résoudre à quitter le diocèse, et malgré les effroyables dangers que courait alors tout prêtre catholique, il se décida à rester en France.

Ce serait ici le lieu de donner une multitude de détails sur les travaux vraiment apostoliques de M. l'abbé Motte, pendant toute la durée de la terreur révolutionnaire. Son ministère ne se bornait pas alors seulement à la ville, lieu le plus ordinaire de sa résidence (3), mais il parcourait aussi les campagnes, et au péril de sa vie, se montrait toujours prêt à répondre à l'appel des âmes qui réclamaient les secours de son zèle. Dans plusieurs circonstances, pour ne pas compromettre la vie des personnes qui l'eussent volontiers reçu dans leurs maisons, il fut errant dans les bois, caché dans les profondeurs des vallées. On cite même une circonstance où il resta très-longtemps resserré entre deux murailles tellement rapprochées l'une de l'autre, qu'elles paraissaient n'en faire qu'une. La surveillance, longtemps prolongée, des agents de la révolution, empê-

cha les personnes qui savaient son secret, de venir le
tirer, aussitôt qu'elles l'eussent voulu, de cette cachette,
et il faillit y mourir de faim. Plus d'une fois aussi, il fut
sur le point de tomber au pouvoir de ces hommes de sang
qui alors faisaient trembler la France. Dieu veilla toujours
sur lui : la Providence ne cessa jamais de bénir les pieuses
industries auxquelles il avait recours, sans jamais se dé-
concerter, même dans les circonstances les plus effrayantes (4). Dans l'exercice de ce périlleux ministère, M. Motte
ne faisait pas acception de personnes ; le plus pauvre
comme le plus riche, avaient un droit égal à ses soins,
et plus d'une fois on le vit risquer sa vie pour aller porter
au loin, les secours de la religion à une pauvre servante
de village.

A cette époque, M. Motte resta aussi, pendant un
certain temps, à Oissel, bourgade située sur le bord de la
Seine, entre Rouen et Elbeuf. Il y avait été reçu au sein
d'une famille patriarchale, dont les enfants occupent
encore une position honorable dans la ville de Rouen, et
y ont rendu d'inappréciables services dans l'éducation de
la jeunesse. Il s'y trouvait réuni à un autre respectable
ecclésiastique, M. Bachelet, ancien curé de Saint-Honoré,
arrondissement de Dieppe ; l'un et l'autre coururent les
plus grands dangers, auxquels ils n'échappèrent que par
une protection visible de la providence (5).

La tempête révolutionnaire parut un moment vouloir
s'apaiser. En 1795, on crut qu'au moins une apparence
de liberté allait être rendue à l'église. On ouvrit, timide-
ment, une église de Rouen, c'était celle de Saint-Louis,
située place de la Rougemare ; plusieurs prêtres, cachés
dans la ville de Rouen, reparurent alors tout à coup. On
se doute bien que M. l'abbé Motte ne fut pas des derniers
à se présenter aux fidèles qu'avaient affligés de si cruelles

privations. Pendant plusieurs mois que dura cette paix, trop éphémère, M. Motte passait des journées entières dans l'église Saint-Louis, prodiguant les soins de sa charité sacerdotale à toutes les âmes qui venaient puiser, dans ses sages conseils, les forces et les lumières dont elles allaient avoir un plus grand besoin que jamais.

Bientôt, en effet, la persécution sévit avec une nouvelle rigueur, et M. Motte recommença le ministère périlleux qui lui avait acquis déjà tant de mérites.

Enfin, en 1801, il fut permis à la religion catholique et à ses ministres de reparaître au grand jour. Le concordat, il est vrai, n'était pas encore venu rétablir l'ordre et la stabilité après les malheureuses perturbations qui avaient affligé la France chrétienne et catholique ; cependant un grand nombre de curés et de prêtres, autrefois attachés aux paroisses, reparaissaient dans la ville de Rouen ; ils ne demandaient qu'à reprendre leurs saintes fonctions, mais il était difficile de réunir, tout d'abord, chaque troupeau dans son église respective. La plupart de ces églises avaient été horriblement dévastées pendant la terreur ; d'autres, et en particulier la Cathédrale, étaient encore occupées par le clergé constitutionnel, il fallut donc se contenter, d'abord, d'ouvrir une seule église à l'usage des catholiques. On choisit, dans cette vue, l'église Saint-Ouen, ancienne abbatiale des Bénédictins ; chaque curé, réuni dans cette église à ses autres confrères, y exerçait ses fonctions pastorales, et l'office s'y faisait en commun pour tous les fidèles de la ville. M. Motte fut aussi attaché à cette église et à un titre dont, peut-être, il serait difficile de trouver un autre exemple dans les annales ecclésiastiques. Il fut établi en même temps le vicaire de tous les curés réunis. Dans sa vieillesse, il aimait encore à rappeler cette circonstance mémorable

de sa vie , et il disait avec cette fine plaisanterie qui lui
était habituelle : « Quelquefois on a vu des vicaires trou-
« ver qu'ils avaient trop d'un curé ; mais moi, j'ai eu à
« passer par une bien autre épreuve : j'ai été vicaire , à
« la fois , de tous les curés de Rouen. »

Cette sorte de vicariat universel, M. Motte ne la regarda
pas comme une sinécure ; il voulut en remplir tous les
devoirs ; chaque curé l'avait à sa disposition comme s'il
lui eût été donné à lui seul ; chaque paroisse le réclamait
comme si aucune autre n'eût été confiée à ses soins , et
M. Motte suffisait à tout , et non-seulement il prodiguait
à tous les soins spirituels , mais encore il semblait qu'il
n'y eût pas de prêtre plus libre que lui , pour remplir les
fonctions extérieures du saint ministère.

En 1802 , Monseigneur Cambacérès (6) , nouvellement
archevêque de Rouen et depuis cardinal , le nomma vicaire
de sa métropole. Il y eut pour collègue , son ancien ami ,
M. l'abbé Holley , depuis supérieur et restaurateur du
grand séminaire , homme d'un mérite éminent et dont le
précieux souvenir vivra à jamais dans le cœur de tous ses
anciens élèves (7). Ces deux vénérables ecclésiastiques , et
plusieurs autres qui leur furent adjoints , se livrèrent sans
réserve et sans ménagements pour eux-mêmes , à l'œuvre
honorable qui leur était confiée , et nul doute que ce ne
soit à leurs solides instructions , à leur sage direction , et
surtout à l'exemple de leurs vertus , que cette paroisse ne
soit redevable de l'excellent esprit qui l'anime et qui la
rendit ensuite la joie et la consolation de M. Motte ,
devenu plus tard son pasteur.

En 1807 , il fut appelé à la cure de Saint-Maclou ,
vacante par la nomination à un canonicat de la métropole , de M. l'abbé Blanquet , curé de cette paroisse avant
la révolution , et qui avait eu la consolation d'en reprendre

le gouvernement après les jours mauvais. Cette nomination n'était pas seulement pour M. Motte un témoignage de l'estime et de la confiance de ses supérieurs, mais en même temps elle lui imposait des charges effrayantes. Dans tous les temps, la paroisse de Saint-Maclou, la plus populeuse de la ville de Rouen, a été surchargée de pauvres, et leur nombre est tout à fait hors de proportion avec celui des personnes aisées qui pourraient venir à leur secours. Un curé de Saint-Maclou peut à peine faire un pas hors de son église sans avoir sous les yeux le spectacle de la plus affreuse misère, et ce spectacle, autrefois plus désolant encore, le suit partout dans toute l'étendue de sa paroisse. Y nommer M. Motte, c'était donc préparer à son âme profondément sensible et surtout éminemment charitable, les plus poignantes émotions (8). Monseigneur le cardinal Cambacérès l'avait bien pensé sans doute, il savait combien le saint prêtre serait douloureusement touché de la misère et du dénuement de son peuple, mais il savait aussi que la charité, lorsqu'elle est ardente et généreuse, opère des merveilles. Il comptait sur celle de M. Motte, et sa confiance ne fut pas trompée.

Dès son arrivée, le nouveau curé de Saint-Maclou s'occupa activement des pauvres. Jusqu'alors un seul prêtre en était chargé, et il semblait qu'il n'en pouvait être autrement, à cause des autres occupations réservées aux vicaires de la paroisse. Ce prêtre faisait tout ce qu'il pouvait, sans doute, pour remplir comme il faut sa mission charitable, mais il ne pouvait suffire à tout; d'ailleurs, il avait à s'occuper encore d'un certain nombre d'écoliers confiés à ses soins. Lui-même fit part à M. Motte de l'impossibilité où il se trouvait de suffire par lui seul aux soins multipliés que réclamaient les pauvres. M. Motte conçoit sur le champ une généreuse et charitable pensée; mais toujours sage, toujours circonspect, il crut devoir prendre un certain temps pour y réfléchir ; enfin, après l'avoir suffisamment mûrie, il rassemble non-seulement ses vicaires, mais encore les autres prêtres attachés à sa paroisse. Dans une simple, mais chaleureuse allocution, il leur expose la misère des pauvres, le besoin qu'ils ont d'être, non-seulement matériellement soulagés, mais encore visités, consolés, excités à la pratique du bien. N'est-ce pas à des prêtres, et surtout à des prêtres qui vivent au milieu d'eux qu'il appartient de se dévouer tout particulièrement à ces membres souffrants de Jésus-Christ ? La charité du pasteur passe bientôt dans le cœur de ses dignes auxiliaires. La paroisse de Saint-Maclou est partagée en plusieurs sections. Chaque prêtre prend une de ces sections, comme devant être désormais l'objet de sa sollicitude toute particulière. Il s'engage à y visiter assidûment les pauvres, les malades, les affligés, et parmi ces sections, M. Motte choisit celle qui avait été jugée la plus ingrate et la plus difficile.

Un prêtre attaché alors à cette paroisse nous a transmis, sur les œuvres charitables de M. Motte, en faveur des pauvres de Saint-Maclou, une foule de détails touchants que nous ne pourrions transcrire entièrement ici. On ne peut concevoir comment M. Motte pouvait faire face à tant de besoins auxquels il savait toujours subvenir. La plupart des secours administrés par M. Motte étaient des secours en nature. Ce n'était pas seulement du pain, mais c'était des vêtements, du linge, du bois, du charbon, des ustensiles de ménage et de travail, et toujours il s'appliquait à placer ces secours à propos ; il n'épargnait pour cela ni les courses ni les visites ; les maisons des pauvres lui étaient bien plus connues encore que celles des riches, et jamais leur aspect, quelque misérable et dégoûtant qu'il pût être, ne fut pour lui un motif de les visiter avec moins d'assiduité et de zèle.

Certaines circonstances particulières, dont le retour n'est plus actuellement à prévoir, grâce aux améliorations opérées dans ce quartier de la ville, imposèrent à plusieurs reprises de plus grands sacrifices encore à la charité de M. Motte. A cette époque, les talus qui défendent le quartier Martainville des débordements de la Seine n'existaient pas encore ; on n'avait pas encore donné à la chaussée l'élévation qu'elle présente aujourd'hui. Il en résultait qu'à la saison des grosses eaux une grande partie de la paroisse de Saint-Maclou était entièrement inondée. Cette partie de la paroisse était exclusivement habitée par les pauvres, dont le dénuement était alors au comble. Non-seulement ils manquaient de pain, mais ils ne pouvaient même venir le demander à la porte de leur pasteur. Ils se trouvaient comme séparés du reste de la ville, et réduits à mourir de faim dans leurs pauvres demeures envahies par les eaux. M. Motte semblait alors se multiplier pour voler au secours de ces infortunés. Il montait avec la populace dans les bateaux et les charrettes fournies par la ville, pour aider autant que possible à la circulation. Lui-même allait porter à ces pauvres affamés les choses nécessaires à la vie. Les dépenses que lui commandait sa charité étaient alors immenses. Le prêtre qui nous a communiqué ces détails, et qui l'aidait dans ses distributions d'aumônes, nous assure que pendant certaines semaines, il n'employait pas, en secours, une valeur moindre de *deux mille francs!*

Nonobstant ces aumônes générales, déjà si considérables, il n'en trouvait pas moins le moyen de procurer à des familles honorables et malheureuses des secours dont l'abondance paraît à peine concevable de la part d'un simple particulier. C'était surtout à ces sortes d'œuvres qu'il consacrait son revenu personnel, sur lequel il ne prenait pour lui-même que le strict nécessaire. Un grand nombre de ses œuvres resteront sans doute ensevelies dans un secret impénétrable; mais Dieu, trompant quelquefois les pieux calculs de son humilité généreuse, a permis que dans plus d'une circonstance la voix de la reconnaissance se soit fait entendre, et cette voix a révélé plus d'un prodige (9).

Il est une autre œuvre, non moins grande aux yeux de la religion, dont M. Motte s'occupa plus particulièrement à partir de sa nomination à la cure de Saint-Maclou. M. Blanquet, son prédécesseur, avait réuni dans son presbytère un certain nombre de jeunes gens qui marquaient quelque vocation pour l'état ecclésiastique. Là on leur donnait les premières leçons pour les rendre capables de se présenter plus tard au séminaire. Un ecclésiastique, comme nous l'avons dit, était spécialement chargé de ce soin, auquel on avait joint celui des pauvres. M. Motte, en arrivant dans sa nouvelle paroisse, non-seulement se garda bien de laisser dépérir une aussi belle œuvre, mais il s'y dévoua plus activement encore que son prédécesseur. Bientôt on vit s'augmenter sensiblement le nombre de ces écoliers, dont la plupart étaient pauvres et dénués de toute ressource de la part de leurs familles. Bien loin de redouter cet accroissement, M. Motte le désirait et le secondait de toutes ses forces. Dans ses catéchismes, dans ses visites, même hors de sa paroisse, s'il remarquait quelque enfant qui lui parût appelé à devenir un jour un bon prêtre, il était le premier à lui faire lui-même des avances, ainsi qu'à sa famille; à se proposer non-seulement de pourvoir aux frais de ses études, mais encore souvent de lui procurer le nécessaire de la vie.

Une circonstance particulière vint encore présenter sur

ce point un nouvel objet au zèle inépuisable de M. Motte. En 1812, le gouvernement d'alors exigea que les jeunes élèves du séminaire suivissent les classes d'humanités du lycée impérial. Monseigneur le cardinal Cambacérès ne jugea pas à propos de se soumettre à cette injonction, et ne pouvant d'ailleurs en éluder l'effet, il aima mieux fermer temporairement son petit séminaire. Alors, de concert avec le respectable abbé Holley, M. Motte s'offrit de recueillir dans sa maison un grand nombre des jeunes séminaristes que l'état de fortune de leurs parents mettait dans l'impossibilité de se placer dans des pensions particulières, où d'ailleurs leur vocation, encore peu affermie, eût pu courir de grands dangers. Ces élèves se présentèrent en foule. M. Motte en reçut jusqu'à une vingtaine à la fois. Ce n'était pas seulement le nombre qui s'était accru, mais l'arrivée de ces nouveaux venus imposait à M. Motte un travail tout particulier et qu'il n'avait pu prévoir. Plusieurs d'entre eux étaient avancés dans leurs classes, quelques-uns devaient suivre isolément et comme particuliers les cours du lycée. Il importait à l'intérêt et à l'honneur du sacerdoce qu'ils ne parussent pas inférieurs à leurs nouveaux condisciples. Il ne s'agissait donc plus de s'occuper de commençants, mais il fallait aider aux progrès de jeunes gens parvenus déjà à des classes assez avancées. Ce fut alors que M. Motte reçut la récompense du zèle et de l'application qu'il avait montrés lui-même dans ses humanités. Aidé d'abord d'un jeune diacre, M. l'abbé Havé, qui se consuma dans cette bonne œuvre et mourut peu de temps après sa promotion au sacerdoce, et ensuite d'un homme non moins dévoué et aussi depuis devenu prêtre, M. l'abbé G..., il se fit véritablement maître de pension et professeur de belles-lettres, et les succès obtenus par bon nombre de ses élèves ont montré qu'avec le secours de Dieu une telle entreprise n'était pas au-dessus de ses forces.

Pour montrer combien était vif l'intérêt que portait M. Motte à tout ce qui pouvait contribuer à la perpétuité et à l'honneur du sacerdoce, ainsi qu'au bien et à la consolation de l'Église, nous laisserons un instant parler un de ses anciens élèves, qui l'a beaucoup connu, et qui a été témoin oculaire d'une partie de tout ce qu'a fait ce digne ecclésiastique pour le maintien de la foi dans le diocèse où il a tant travaillé. Voici comment s'exprime cet élève :

« En 1812, lié, déjà depuis quatre ans, pour mon bon-
« heur, avec M. l'abbé Motte, curé, à cette époque, de
« la paroisse Saint-Maclou, je me vis forcé de sortir du
« séminaire. Mg^r le cardinal Cambacérès, qu'on voulait
« obliger à envoyer ses élèves humanistes au lycée, n'y
« put consentir, et ordonna à M. l'abbé Holley de les
« congédier.

« Ce vénérable ecclésiastique, pénétré de douleur,
« nous fit part, en pleurant, des ordres de notre évêque ;
« et je me vis contraint, ainsi qu'une multitude de jeunes
« gens, de me retirer au sein de ma famille désolée.

« Mais on étudie mal chez ses parents. Je cherchai donc
« à me placer de manière à jouir, en même temps, et de
« la tranquillité et des secours en livres, indispensables
« pour faire quelques progrès dans les humanités, et com-
« mencer par là à me rendre un jour utile à l'Église (10).

« Connaissant l'intérêt que M. l'abbé Motte voulait bien
« me porter, et plein de confiance en sa charité, j'allai
« le voir. Il me reçut avec cette bonté qu'ont toujours
« admirée en lui les personnes qui ont eu à lui parler. Je
« le trouvai profondément triste. La douleur paternelle
« de M. l'abbé Holley, avec qui il était très-lié, semblait
« être passée tout entière dans son âme.

« Assis près de lui, il me prit la main avec affection,
« et il me dit : Mon bon ami, je suis bien affligé de toutes
« ces choses-là. Puis, tout à coup, il répandit un torrent
« de larmes. J'en fus fort édifié, voyant combien il aimait
« l'Église ; mais nullement surpris de la part d'un prêtre
« qui, dans les années de la terreur, passait des jours en-
« tiers dans les bois, avec un morceau de pain dans un
« bissac, afin de parvenir à se conserver pour les vrais
« enfants de l'Église qui, en secret, soupiraient après le
« bonheur de recevoir les sacrements, surtout à la mort.

« Sa douleur ne fut pas stérile ; car après cette grande
« abondance de larmes, si pieuses, si paternelles, si cha-
« ritables, il me confia qu'il allait prendre toutes les me-
« sures nécessaires pour me mettre à même, ainsi que
« plusieurs de mes compagnons d'études, de continuer
« mes classes, et je dois à la vérité de dire qu'il n'a rien
« épargné pour conserver quelques sujets à l'Église. Il
« avait pour maxime que la meilleure aumône qu'on pou-
« vait faire était celle qui servait à former des ecclésias-
« tiques pour travailler au salut des âmes.

« Une conduite si charitable, si édifiante de sa part, ne
« fut pas un exemple perdu pour ses confrères, et l'on vit
« de côté et d'autre de saints prêtres étendre le bien que
« M. l'abbé Motte avait commencé. M. Picot, ecclésias-
« tique fort distingué en son temps, recueillit plusieurs
« séminaristes dans son presbytère. M. l'abbé Quillebeuf
« le jeune déploya le même zèle, ainsi que M. l'abbé
« Beaudouin, ancien curé de Saint-Nicaise ; et j'ai connu
« plusieurs familles dans la ville de Rouen qui, touchées
« sans doute des exemples entraînants de M. l'abbé Motte,
« ont recueilli, avec toute sorte de bonne volonté, les
« élèves du sanctuaire dans leur maison.

« C'est ainsi qu'un saint prêtre, plein de zèle pour le

« bien de l'Église, a influencé tout une cité, pendant plu-
« sieurs années, en faveur de la religion. C'est ici, sans
« contredit, un des plus beaux traits de la vie de M. l'abbé
« Motte, et il serait difficile de calculer tout le bien qu'il a
« fait au diocèse de Rouen, à cette époque de sa vie. »

Nous ajouterons à cette note touchante que l'on ne
compte pas moins de cent prêtres à qui la charité de
M. Motte procura ainsi le bienfait de l'éducation ecclésiastique. Ces jeunes élèves du sanctuaire, M. Motte ne
les abandonnait pas lorsqu'ils étaient entrés au séminaire.
Il payait alors leur pension et continuait de s'intéresser à
leurs études. Il a voulu, même après sa mort, continuer
encore cette bonne œuvre. Par son testament, il a pourvu
d'avance aux frais de l'éducation cléricale d'un certain
nombre d'élèves actuels du séminaire.

Ces occupations si multipliées, et dont chacune, prise
isolément, pourrait remplir toute la vie d'un seul homme,
n'empêchaient pas M. Motte de se livrer assidûment à son
ministère pastoral. On ne savait comment s'expliquer ce
mystère ; mais à toute heure du jour et de la nuit, ce pasteur infatigable était à la disposition de ses paroissiens (11).
Il se montrait surtout d'une complaisance extrême pour les
jeunes gens qui, obligés de garder certains ménagements
à cause de leur entourage, ne pouvaient venir le trouver
qu'à certaines heures, souvent très-incommodes pour lui ;
on l'a vu plus d'une fois les attendre seul dans l'église pendant des heures entières (12). Beaucoup de personnes, qui
s'adressaient à lui au tribunal de la pénitence, s'étonnaient
de ne le trouver jamais pressé, même dans les jours où il se
présentait une plus grande affluence. Il ne leur en donnait
pas moins tout le temps convenable ; les laissait entrer,
sans témoigner jamais la moindre contrariété, dans tous
les détails qu'elles jugeaient nécessaires, et semblait n'avoir

affaire qu'à elles seules, lorsque tout lui donnait lieu de penser qu'il aurait encore de longues heures à passer dans l'exercice de ce ministère, si fatigant à certaines époques.

Sa patience et sa bonté étaient surtout admirables à l'égard des personnes peu instruites de la religion, et qui, avant tout, avaient besoin qu'on leur enseignât les premiers éléments de la foi. Il eût pu, le plus souvent, se décharger de ce soin sur les autres prêtres appelés à le seconder dans ses travaux ; mais lorsqu'une œuvre se présentait à lui, il ne la renvoyait jamais à un autre. Il accueillait ces pauvres ignorants avec une bonté toute paternelle, s'accommodait à leurs jours, à leurs heures et ne cessait de leur prodiguer ses soins, que lorsqu'il les avait suffisamment instruits des vérités essentielles. Dans cette œuvre, comme dans toutes les autres qui avaient rapport au bien des âmes, il ne croyait pas devoir circonscrire les efforts de son zèle dans les limites de sa paroisse ; plus d'une fois on l'a vu se charger ainsi de l'instruction de personnes appartenant à des paroisses étrangères à la sienne ; il ne lui venait même pas la pensée de les renvoyer aux prêtres auxquels la Providence semblait en avoir confié plus spécialement le soin.

Il en usait de même à l'égard des malades : ce n'était pas seulement une nécessité pressante qui l'appelait auprès d'eux ; même après leur avoir administré les derniers sacrements, il continuait de les visiter encore pour les fortifier, les encourager dans le bien ; plus d'une fois on l'a vu, pendant des mois entiers, ne pas laisser passer un seul jour, sans visiter quelques-uns de ces malades, auxquels il croyait cette consolation nécessaire.

Tant de zèle ne pouvait manquer de lui gagner les cœurs, aussi était-il généralement chéri de ses paroissiens, des pauvres surtout qui l'appelaient communément *leur père*.

En 1815 , après la mort de M. l'abbé Jobard , M. Motte fut appelé à lui succéder dans la cure de la Cathédrale , et entra en même temps dans le chapitre métropolitain. Là, comme à Saint-Maclou , il se montra tout dévoué au nouveau peuple qui lui était confié , même assiduité à tous ses devoirs , même condescendance pour les besoins de tous, même affection , même charité pour les pauvres. Sans rien changer à la simplicité ordinaire de ses instructions , il n'en parut pas avec moins de distinction et moins de succès dans la chaire de la Métropole. Les personnes les plus instruites et même quelquefois les plus difficiles en fait de prédication , accouraient en foule à ses exhortations paternelles. Tous les goûtaient et en faisaient leur profit. C'est que sous une forme simple et naïve , M. Motte savait parler le langage de la vraie éloquence pastorale. Il s'était rempli lui-même de la science avant de la dispenser à son peuple ; ses instructions , même les plus familières , étaient pleines de doctrine , d'enseignements pratiques, elles s'adaptaient parfaitement aux besoins de son auditoire , et il n'était personne qui n'en pût recueillir des fruits abondants.

On gardera longtemps , à la Cathédrale , le souvenir de ses *prônes*. On pouvait les regarder comme de véritables modèles en ce genre. Dans quelques circonstances spéciales, il y dévoilait tout particulièrement son cœur paternel. Rien de plus simple et de plus touchant , tout à la fois , que les souhaits qu'il adressait à ses paroissiens , au commencement de chaque année. Il était impossible de ne pas reconnaître combien vivement il s'intéressait à leur bonheur. Les souhaits temporels , eux-mêmes , n'étaient pas oubliés , mais c'était toujours en vue de la gloire de Dieu et du salut des âmes. Plus d'une fois aussi il fit verser des larmes abondantes , lorsque terminant une retraite de première communion, il adressait aux enfants ses derniers conseils. Il avait coutume alors de se représenter sous l'emblème d'une mère, qui voit son fils unique s'embarquer pour un lointain voyage, et qui tremble en pensant aux dangers qu'il aura à courir loin d'elle. M. Motte, dans ses discours, ne visait pas au pathétique, mais il l'atteignait souvent par la vérité et l'onction de sa parole (13).

Tant que ses forces purent le lui permettre, il s'occupa aussi activement des catéchismes. C'était son œuvre de prédilection, et il n'était jamais plus heureux que lorsqu'entouré de petits enfants il leur apprenait les premières vérités du salut. Pendant un grand nombre d'années, il se chargea, lui seul, du catéchisme de persévérance après la première communion. Beaucoup de personnes, avancées en âge, s'y montraient assidues, et venaient recueillir, avec leurs enfants, les fruits de ces instructions, qu'il savait mettre à la portée de tous. Il avait reçu de Dieu un don tout particulier pour faire le catéchisme, et attachait la plus grande importance à ce genre d'instruction. C'était pour lui une véritable peine lorsqu'il se voyait obligé d'y renoncer même pour quelque temps. Après une longue maladie qu'il éprouva, ses vicaires lui firent une sorte de violence pour obtenir de lui qu'il ne reprît pas le catéchisme du soir ; il y consentit enfin, mais il était facile de voir combien il lui en coûtait de ne plus remplir cette fonction ; aussi, un de ses vicaires ayant été, sur ces entrefaites, nommé à une cure, il n'y eut plus moyen d'empêcher M. Motte de reprendre le catéchisme, que ce départ avait laissé vacant. Ce ne fut que beaucoup plus tard que l'on parvint, pour ainsi dire, à le supplanter dans cette fonction, et encore dans son extrême vieillesse, il semblait épier les absences de ses vicaires pour exercer de nouveau ce ministère si cher à son cœur.

M. Motte prenait part en même temps à beaucoup d'œuvres utiles et charitables, établies dans la ville de Rouen. Pendant longtemps il fut membre des bureaux de bienfaisance, du comité d'instruction primaire, de la commission des prisons, etc., et la part qu'il prenait à ces œuvres, ne se terminait pas à une simple présence aux réunions indiquées, mais il y portait le secours de ses conseils et de son active coopération (14). Il continuait de s'intéresser à ces œuvres, lors même qu'il n'en faisait plus officiellement partie. Toujours les membres de ces sociétés charitables le trouvèrent disposé à s'associer à leurs efforts pour le bien. L'œuvre si éminemment utile des frères des écoles chrétiennes, avait une part toute particulière dans ses affections, et depuis que ces pieux instituteurs de la jeunesse furent obligés de solliciter le secours de la charité publique, M. Motte, chaque année, fut un de leurs plus généreux souscripteurs. Ce fut aussi sous ses auspices, que commença à Rouen l'œuvre de Saint-François-Régis, destinée à remettre dans la voie du salut tant de malheureux qu'une alliance illicite semblait en exclure à jamais.

Plusieurs communautés religieuses furent aussi, à diverses époques, l'objet de sa tendre sollicitude. A l'époque de sa mort, il était encore supérieur du premier monastère des Ursulines, rue des Capucins; charge qui lui avait été confiée par Mgr le cardinal de Croï (15).

Ce n'était pas la seule marque de confiance et d'estime que M. Motte eût reçue du pieux prélat dont l'église de Rouen pleure encore la perte récente; Mgr de Croï l'avait aussi appelé à faire partie de son conseil. M. Motte, en effet, était bien digne d'y occuper une place, tant à cause de sa grande expérience, que par la connaissance toute particulière qu'il avait d'une grande partie du diocèse (16).

Mg^r Blanquart de Bailleul, digne successeur de Mg^r de Croï, sut aussi apprécier M. Motte, qu'il n'a pu cependant qu'entrevoir. Le jour même de son installation solennelle, il daigna donner à ce digne pasteur des marques toutes particulières d'affection, de vénération même, et tous les prêtres présents applaudirent du fond du cœur à ce témoignage éclatant, rendu à celui qu'ils regardaient comme leur modèle et leur père. Pendant la dernière maladie de M. Motte, Mg^r l'archevêque voulut plusieurs fois le visiter en personne. M. Motte fut touché jusqu'aux larmes de cette bonté prévenante ; Mg^r ne le fut pas moins de la piété du vieillard mourant, et aussi de l'extrême simplicité de sa maison, où tout porte l'empreinte de la pauvreté évangélique.

En résumant une vie si belle, si éminemment sacerdotale, il est surtout plusieurs questions qui se présentent à l'esprit. On se demande comment M. Motte pouvait trouver le temps de se livrer à des œuvres si occupantes et si multipliées, et comment il suffisait à tant d'aumônes répandues dans le sein des pauvres. Le secret de M. Motte consistait principalement dans l'esprit d'ordre et de simplicité qu'on remarqua en lui dès sa première jeunesse, et dont il ne se départit jamais.

Par le bon usage qu'il faisait de son temps, il savait le multiplier en quelque sorte, et lui donner comme une extension nouvelle. Jamais il ne perdait un seul instant (17). Toutes ses occupations de la journée étaient ordinairement prévues, et d'avance aussi il savait comment pourvoir utilement aux interruptions qui pouvaient survenir contre son attente. Il donnait à chaque chose le temps convenable, sans se préoccuper de celle qui devait venir après, appliquant à chacun de ses instants cette maxime de l'Évangile : *sufficit diei malitia sua ; à chaque jour suffit son mal.* Il savait, au besoin, faire marcher ensemble l'accomplissement de plusieurs devoirs. Un seul fait choisi entre mille autres peut en donner un exemple. Une pauvre personne, atteinte d'une maladie de langueur, et condamnée à un grand isolement, n'avait d'autre consolation que les visites de M. l'abbé Motte. Ces visites lui faisaient le plus grand bien, et ranimaient d'autant plus son courage qu'elles étaient plus fréquentes et plus prolongées. M. Motte avait trouvé le moyen de lui procurer ce bonheur sans préjudicier à ses autres occupations. Pendant des mois entiers, on le vit aller presque tous les jours chez cette malade. En entrant chez elle, il lui adressait quelques mots d'édification ; ensuite il récitait auprès de son lit une partie de son office ; puis avant de la quitter, il lui donnait de nouveau les encouragements et les consolations que réclamait sa position malheureuse. De cette manière, il ne prenait en réalité que quelques instants sur ses occupations ordinaires, et cependant cette pauvre infirme était abondamment visitée et consolée.

Il savait de même approfiter les courses quelquefois assez pénibles que lui imposait son zèle. Souvent des malades qu'il avait connus à la ville continuaient de réclamer ses soins, quoiqu'ils eussent été depuis résider dans quelques campagnes voisines. M. Motte ne paraissait nullement contrarié de ces dérangements ; au contraire, si on paraissait l'en plaindre, il les présentait ingénieusement comme des espèces de bonnes fortunes. « J'avais précisément, disait-il, une question importante à étudier. Je vais prendre

avec moi un traité de théologie, et tout en marchant,
je pourrai m'occuper de cette question (18). » Effectivement, ces courses souvent assez longues, M. Motte les
faisait toujours à pied, et c'était surtout pendant le temps
qu'il y consacrait qu'il s'occupait d'études ecclésiastiques.
Il trouvait encore le moyen de s'y livrer dans une multitude d'autres moments de la journée, qu'il savait se ménager au milieu des exigences de son ministère. Ce n'étaient
le plus souvent que des moments courts, rapides, inter-
rompus; mais M. Motte savait approfiter tout (19). Il avait
d'ordinaire un point de science ecclésiastique ou profane,
dont il s'occupait à peu près exclusivement pendant un
temps donné. Tous les moments dont il pouvait disposer,
il les employait à faire sur ce point de nouvelles re-
cherches. A mesure que dans ses lectures quelque chose
lui paraissait digne d'être noté, il le rédigeait sur le champ
par écrit. Il n'était pas rare, lorsqu'on le trouvait mangeant
seul chez lui, de voir plusieurs livres ouverts sur sa table,
et de le surprendre, la plume à la main, rédigeant des
notes qui lui avaient paru à conserver (20).

Par ce sage emploi du temps, M. Motte acquérait toujours de nouvelles connaissances. Il mettait sans doute
avant tout la science sacrée; mais les autres études ne lui
étaient pas non plus indifférentes. Peut-être était-il un des
hommes du diocèse les plus instruits en histoire et en géo-
graphie.

Le même esprit d'ordre et de régularité lui était aussi
d'un admirable secours pour lui fournir les moyens de
multiplier ses aumônes. Il s'était interdit toute espèce de
dépense superflue et de pure fantaisie, et se traitait volontiers lui-même comme le dernier de ses pauvres. Pendant les
premiers temps de son séjour à Saint-Maclou, il se refusa

jusqu'au nécessaire, et ne s'accorda de nourriture que ce qui était absolument indispensable, et encore quelle nourriture ! pendant des mois entiers, il ne vécut que de fèves et de pommes de terre. Plusieurs des indigents qu'il secourait étaient mieux traités que lui. Toutes les personnes qui l'ont connu peuvent rendre témoignage de l'extrême simplicité de son ameublement. Mgr Blanquart de Bailleul, comme nous l'avons dit, en fut singulièrement frappé lors des visites qu'il lui fit dans sa dernière maladie. Il en avait été de même de Mgr de Croï, qui ne se lassait pas d'admirer cette pauvreté toute apostolique.

Dans une des visites de Mgr de Croï, il n'y avait dans la chambre du malade qu'une mauvaise chaise de paille que l'on présenta au prélat. M. Motte, malgré son accablement, en paraissait vivement contrarié. Il se confondait en excuses, et voulait absolument qu'on allât chercher un des rares fauteuils qui se trouvaient dans son salon. « *Ne vous tourmentez pas ainsi*, lui dit avec bonté et émotion Mgr de Croï, *lorsque le premier curé de mon diocèse est couché sur un lit comme le vôtre et entouré d'un pareil ameublement, son archevêque ne doit pas rougir de s'asseoir sur un siége de paille* (21).

Ce qui rehaussait tout particulièrement cette extrême simplicité de M. Motte, c'était l'éloignement de toute espèce d'affectation. M. Motte ne faisait pas parade de sa pauvreté ; elle n'était chez lui que le résultat tout naturel de sa charité. Il était pauvre parce qu'il avait tout donné ; et, en cela, il ne voyait rien d'extraordinaire, rien qu'il ne lui semblât que tout autre eût pu faire aussi bien que lui. Il était donc bien éloigné de s'en faire un mérite aux yeux des hommes ; il ignorait même qu'il eût acquis ce mérite devant Dieu. En général, M. Motte jugeait toujours favora-

blement les autres, et ne cherchait pas à remarquer si leur
manière d'agir était différente de la sienne.

Malgré cette sage économie, qui n'avait d'autre prin-
cipe qu'une charité généreuse, M. Motte n'en exerçait pas
moins l'hospitalité de la manière la plus cordiale. Sa maison était communément appelée *l'hôtellerie du clergé*. Non-
seulement ses anciens élèves, mais tous les prêtres sans
exception étaient également bien reçus chez lui. A sa
table, on trouvait toujours placé d'avance un couvert de
trop, eu égard aux personnes attendues. Lorsqu'on lui en
faisait l'observation, *c'est*, répondait-il, *pour une personne
qui viendra peut-être*. Mais, lui disait-on à la fin du repas,
cette personne n'est pas venue. — *C'est vrai, mais elle eût
pu venir*. Aussi ses amis ne s'en faisaient pas faute. On savait l'heure de son dîner, et il la changeait rarement, et
même sans être attendu ni annoncé, on venait sans façon
s'asseoir à sa table, où l'on était toujours sûr de trouver
une réception gracieuse et amicale (22).

Quelque chose d'ailleurs de bien préférable à la recherche des commodités de la vie attirait chez M. Motte
ceux qui avaient le bonheur de le connaître, c'était le
charme et tout à la fois l'utilité de sa conversation intime.
Malgré un extérieur, qui paraissait quelquefois un peu sé-
vère, M. l'abbé Motte était plein de bonté, d'amabilité. On
ne parlait guère, chez lui, que de choses bonnes et utiles;
mais il savait y ajouter un vernis de gaieté qui les rendait
agréables et profitables pour tous. Il n'était pas d'ailleurs
étranger à une certaine finesse d'esprit, qui l'eût facilement rendu caustique, si la bonté et la charité n'eussent
fait le fond de son caractère.

Ses vicaires surtout ont pu, dans tous les temps, connaître par expérience ce que son commerce familier offrait

de doux et d'aimable. Il est impossible de dire combien il leur était bon et affectionné. C'était véritablement pour chacun d'eux un père. Si peu indulgent pour lui-même (23), il se montrait à leur égard plein de ménagements et de prévenances. Tout ce qu'il leur demandait, c'était la régularité, l'assiduité, l'exactitude à l'heure marquée (24); mais du reste, souvent on le voyait recourir à des sortes de ruses pour leur épargner des corvées pénibles. Leur jeunesse semblait leur donner un titre de plus à son affection. Souvent ils ne pouvaient se défendre d'une profonde confusion, en voyant ce vénérable vieillard, cet homme si plein de science, de sagesse et d'expérience, les consulter dans des circonstances graves, et tenir absolument à savoir leur avis sur ce qui pouvait être pour lui un sujet de doute. Il en usait de même pour ses affaires temporelles. Ses vicaires étaient ses premiers confidents; il leur faisait part de toutes ses consolations comme de toutes ses peines. Pendant l'absence de quinze jours qu'il faisait régulièrement chaque année (et c'était la seule) pour visiter sa nombreuse famille, il leur écrivait à peu près tous les huit jours, et dans ses lettres, pleines de simplicité et d'amabilité, il entrait dans les plus petits détails pour les mettre au courant de toutes ses démarches. Jamais, non plus, on ne le voyait marquer de préférence, de prédilection particulière. Il était constamment le même pour chacun d'eux, et cette sage conduite de sa part ne contribuait pas peu à entretenir entre eux la plus parfaite intelligence. De tous les prêtres du diocèse qui ont été ses vicaires, il n'en est pas un seul qui ne conserve un précieux souvenir des années qu'il a passées auprès de lui, et qui ne les regarde comme le temps le plus précieux de sa vie (25).

Telle a été la vie de M. l'abbé Motte. Nous ne sommes

point entrés dans des détails particuliers sur sa piété. Un
homme qui accomplit de telles œuvres n'a pu en puiser
l'idée et trouver le moyen de les pratiquer que dans la
piété la plus tendre et et la plus généreuse. D'ailleurs tous
ses paroissiens l'ont vu, ils ont pu admirer chaque jour sa
gravité, son recueillement profond dans le lieu saint. Ils
ont vu quelle vive foi se peignait dans ses traits lorsqu'il
assistait aux offices de l'Église et s'acquittait du devoir sacré
de la prière. Ils l'ont contemplé surtout à l'autel lorsqu'il
y célébrait les redoutables mystères. Là, ce n'était plus un
homme, c'était un ange; il était impossible de ne pas sentir sa foi se ranimer en voyant celle de ce saint prêtre, et
l'on cite plusieurs personnes, d'abord éloignées de Dieu,
qui ont conçu la première pensée de revenir au bien seulement pour avoir assisté une fois à la messe du vénérable
M. Motte.

Dans ses maladies, et elles furent fréquentes et graves,
cette même piété se manifestait sous l'aspect le plus touchant. Ce n'était qu'au dernier moment, et lorsqu'il croyait
que l'obstination de sa part eût offensé Dieu et scandalisé
le prochain, qu'il consentait à interrompre la récitation
de son bréviaire, et alors on le voyait, un chapelet à la
main, profiter des intervalles que lui laissait la douleur
pour réclamer, par cette prière, si chère aux âmes fer-
ventes, les secours de Dieu et la puissante intercession de
Marie. Il aimait qu'on lui parlât alors de choses pieuses.
Tous, sans distinction, même le plus jeune prêtre, pouvaient sans crainte lui adresser les exhortations que demandait son état. Il les écoutait avec une docilité d'enfant, et
en témoignait une reconnaissance vive et sincère. C'était
surtout un spectacle plein d'édification que de le voir re-
cevant les derniers sacrements de l'Église. (A plusieurs

époques de sa vie, on crut devoir les lui administrer.) Il
était le premier à solliciter ces grâces précieuses. Il voulait les recevoir en pleine connaissance, et avant que l'excès de la maladie ne l'empêchât de les apprécier dignement. Aussi quelle foi, quelle piété, quelle ferveur ne
montrait-il pas alors. C'était du fond de son âme qu'il ré-
pondait d'une voix ferme et assurée aux questions qui lui
étaient adressées par le ministre du Seigneur, et dans ces
moments solennels, il prêchait encore son troupeau et par
ses paroles et par ses exemples (26).

Il en fut de même de sa dernière maladie. Cette maladie
fut longue; il en avait éprouvé les atteintes dès le courant
de l'année dernière. A l'époque où l'Église de Rouen fut si
profondément affligée par la perte de Mgr de Croï, son premier pasteur, on craignit aussi pour les jours de M. le curé
de la Métropole. Un journal eut l'imprudence d'annoncer
prématurément sa mort, en même temps que celle du vénérable pontife. Cette nouvelle fut immédiatement reconnue
fausse, il est vrai, mais ses amis n'en conservèrent pas moins
à son égard de cruelles inquiétudes, qui devaient trop tôt
se réaliser. Après une année entière de souffrances, qui ne
furent interrompues que par de bien courts intervalles,
après avoir pendant tout ce temps donné des exemples
constants de piété, de force, de résignation, qu'il puisait
surtout dans la participation aux divins mystères, M. Motte
tomba dans un tel état, qu'il ne restait plus aucun espoir.
La force extraordinaire de son tempérament le fit encore
lutter pendant longtemps contre une mort inévitable. Enfin, dans la nuit du 27 au 28 novembre, après une longue
et cruelle agonie, Dieu rappela à lui son âme enrichie par
la pratique de tant de vertus. Lorsque minuit sonnait à
l'horloge de la Cathédrale, il rendit le dernier soupir

entouré de ses vicaires actuels et de deux curés de la ville, qui les avaient précédés dans cette honorable fonction. L'un d'eux, au milieu d'un religieux silence, et autant en son nom qu'en celui de ses confrères, eut la consolation de lui fermer les yeux, et de baiser avec respect sa main déjà glacée qui, pendant sa longue carrière, avait répandu tant de bénédictions et de bienfaits.

Dès le lendemain matin, la ville entière connnaissait la perte immense qu'elle venait de faire. Ce n'était partout qu'une seule voix pour rappeler les vertus et les bonnes œuvres du pieux pasteur. Un grand nombre de ces œuvres, jusqu'alors inconnues, se révélaient au grand jour. On se les disait les uns aux autres avec une douloureuse admiration, et cette admiration redoubla encore lorsque l'on apprit que, charitable après sa mort comme il avait été pendant sa vie, M. Motte établissait légataires de son mobilier ses meilleurs amis... LES PAUVRES.

L'inhumation de M. Motte fut fixée au samedi suivant, 30 novembre, dix heures du matin. La veille, pendant toute la durée du jour, son corps fut exposé, revêtu des habits sacerdotaux et la figure découverte, sur un lit de parade, placé au milieu de la grande salle de son presbytère. Une immense multitude de fidèles s'empressa de venir contempler, pour la dernière fois, les traits du pieux pasteur. Les pauvres surtout y vinrent en grand nombre, et manifestèrent, d'une manière non équivoque, combien ils savaient apprécier la perte de leur bienfaiteur et de leur père (27). La mort n'avait défiguré en rien sa face vénérable. Tenant, dans une de ses mains le calice du salut dans lequel il avait consacré tant de fois le sang de l'agneau sans tache, il semblait répondre par un sourire d'amour et de reconnaissance au Dieu qui, après s'être donné si souvent à lui caché sous les espèces eucharistiques, venait enfin de l'appeler à le contempler face à face, et à s'enivrer au torrent de ses ineffables délices.

Ses obsèques eurent lieu le lendemain à la Cathédrale. L'élite de la ville de Rouen se joignit à la plus grande partie du Clergé, pour suivre religieusement sa dépouille mortelle jusqu'au cimetière Saint-Gervais. Là, placé au pied de la croix, son corps repose en paix jusqu'au moment où réuni encore une fois à son âme, il entrera avec elle dans le *lieu du rafraîchissement, de la lumière et de la paix*.

NOTES.

Nous avons renvoyé aux notes une foule de détails qui eussent difficilement trouvé leur place dans cette notice, et qui, d'ailleurs, pour la plupart, ne nous sont parvenus qu'après qu'elle était terminée et livrée à l'impression. Quoique peu importants, peut-être, par eux-mêmes, ils nous ont paru plus propres que tout le reste à peindre M. Motte, et à donner une juste idée de son caractère et de sa manière de vivre. C'est surtout dans ces détails de la vie intime que les hommes se montrent sous leur véritable jour.

Nous avons aussi fait entrer dans ces notes quelques renseignements sur les ecclésiastiques les plus remarquables qui vécurent en même temps que M. Motte. Nous espérons que nos lecteurs ne nous en sauront pas mauvais gré. Plusieurs de ces documents ont été déjà publiés en partie, mais très-imparfaitement, et il serait d'ailleurs difficile de les recueillir ensemble.

NOTE 1re.

M. Motte fut aussi baptisé dans l'église d'Auberville-la-Manuel. Quelques années avant sa mort, il montra combien ce souvenir lui était resté précieux. Il était venu visiter le curé de cette paroisse, jeune prêtre pour lequel il avait une affection particulière. Ce jeune curé lui montrait en détail son église. Il était accompagné de plusieurs autres ecclésiastiques de la contrée. A l'aspect des fonts baptismaux, sur lesquels il avait été régénéré en Jésus-Christ, M. Motte tombe tout à coup à genoux. Il y reste longtemps plongé dans une méditation profonde. Les autres prêtres présents furent vivement touchés à cet édifiant spectacle. Ils attendaient dans un religieux silence que M. Motte se relevât, et leur émotion redoubla encore lorsqu'ils s'aperçurent que pendant cette sorte d'extase, il versait des larmes abondantes.

NOTE 2e.

On conserve encore les cahiers de M. l'abbé Faucon. Pendant longtemps on continua de les dicter aux élèves de philosophie du séminaire de Rouen. Sauf quelques modifications, nécessitées par l'état actuel de cette science et l'importance plus grande donnée maintenant à la psychologie, ces cahiers pourraient encore aujourd'hui être regardés comme le meilleur traité à mettre entre les mains des jeunes élèves du sanctuaire qui se préparent aux études théologiques. On y trouve tout à la fois ordre, clarté, précision, brièveté ; la métaphysique et la théodicie y sont surtout traitées d'une manière remarquable.

NOTE 3e.

M. Motte demeurait à Rouen rue des Fourchettes, n. 1, chez deux demoiselles âgées, appelées Bourdet. Il conserva toujours pour elles une vive reconnaissance, et fut heureux de trouver plus tard l'occasion de leur rendre d'importants services. Il fit longtemps une pension à l'une d'elles, qui se trouvait dans un état de gêne.

Ces deux excellentes demoiselles avaient imaginé un moyen assez singulier de veiller sur l'*incognito*, qu'il lui importait tant de conserver. Elles avaient chez elles plusieurs jeunes filles fort curieuses, et dont l'indiscrétion était à craindre. Profitant de l'extérieur un peu dur, que M. Motte savait prendre au besoin, elles le dépeignirent à ces jeunes filles comme un homme brusque, intraitable, et qui surtout s'était mis dans la tête de ne vouloir pas être *regardé. C'est là sa manie*, leur disaient-elles, *et si seulement il voyait l'une d'entre vous le regarder en face, on ne sait pas ce qui pourrait vous arriver.* Les petites filles furent terrifiées par ces paroles. Du plus loin qu'elles apercevaient M. Motte, elles se hâtaient de rentrer dans l'appartement de leur maîtresse, et si elles le rencontraient dans l'escalier, elles détournaient promptement la tête, afin de se soustraire à sa colère. Nulle d'elles n'eût pu le dénoncer, car jamais elles n'avaient osé le regarder en face.

NOTE 4ᵉ.

Pendant toute la durée de la révolution, M. Motte fût obligé de prendre toutes sortes de déguisements, afin de vaquer à son ministère. Son sang-froid et sa présence d'esprit lui étaient alors d'un grand secours; mais il n'employait jamais, et n'eût pas permis qu'on employât pour lui des moyens illicites et contraires à la conscience. Un jour, déguisé en marchand de fil, il traversait une plaine isolée, accompagné d'un bon catholique du lieu. Son compagnon aperçoit de loin deux terroristes très-connus et très-redoutables. Ce brave homme, craignant pour les jours de M. Motte, eut recours à la ruse. Il prend aussitôt un extérieur courroucé, comme s'il eût été en dispute avec M. Motte, et pour aider à la vraisemblance, au moment où ils passaient tous deux près des révolutionnaires, il le prend au collet et lâche un *juron* assez énergique. La course terminée, M. Motte le remercia de lui avoir servi de guide; mais le tança vertement du moyen qu'il avait employé, l'avertissant qu'à l'avenir, il vaudrait mieux le laisser arrêter que de s'exposer à donner le moindre scandale.

NOTE 5°.

Pendant son séjour à Oissel, M. Motte, à l'insu des patriotes, ses persécuteurs, leur rendait d'importants services. La mauvaise administration d'alors avait amené la disette. Il fallait faire venir de loin les blés nécessaires pour la subsistance des habitants de la commune. Une commission fut nommée à cet effet, et, comme on le pense bien, elle fut tout d'abord exclusivement composée de patriotes. Mais ces commissaires, quelque bons républicains qu'ils pussent être, ne possédaient pas d'ailleurs toutes les qualités désirables; ils ne se piquaient pas surtout d'une grande sobriété, et plus d'une fois le cabaret avait absorbé les fonds qui leur avaient été confiés pour pourvoir à la subsistance publique. L'autorité municipale se vit donc obligée, bon gré, mal gré, de recourir à un *aristocrate*. On nomma commissaire en chef le fils aîné du respectable père de famille qui avait reçu M. Motte dans sa maison. Ce jeune homme (il avait alors à peine seize ans) ne voulait pas accepter cette charge, il alléguait surtout son inexpérience. M. Motte le détermina à ne pas refuser, se proposant d'ailleurs de l'aider de ses conseils. C'était lui, effectivement, qui faisait les comptes, dressait les états et réglait les répartitions. La commune se trouva si bien de cette excellente administration, que plusieurs ovations publiques furent décernées au jeune commissaire, et qu'à plusieurs reprises, il fut appelé solennellement à la *société populaire* pour y recevoir du président l'*accolade fraternelle*. M. Motte, du fond de sa cachette, s'amusait beaucoup de ces pauvres gens, dont il se vengeait ainsi en leur faisant du bien.

NOTE 6e.

Mg^r Étienne-Hubert Cambacérès naquit à Montpellier le 11 septembre 1756. Il fut sacré archevêque de Rouen par le cardinal légat le 11 avril 1802, et créé cardinal le 17 janvier 1803. Il mourut à Rouen le 25 octobre 1818.

Son administration fut ferme et en même temps sage et paternelle. Par sa position, à l'égard du gouvernement de cette époque, il pouvait, plus que beaucoup d'autres, agir avec force et hardiesse. Il usa de cette facilité pour le bien. Non-seulement il fut le restaurateur de la discipline ecclésiastique dans le diocèse de Rouen; mais encore il contribua beaucoup à son rétablissement dans toute la France. Lorsqu'il s'agissait de quelque mesure, qui eût pu porter ombrage au gouvernement impérial, les autres évêques attendaient le plus souvent qu'il eût pris l'initiative, et se plaçaient à l'ombre du crédit dont il jouissait. Sans lui, il est très-probable que de bien plus grandes entraves eussent été imposées à la liberté de l'Église.

Beaucoup de personnes ne connurent pas assez Mg^r le cardinal Cambacérès pendant le cours de sa vie. On le jugea trop facilement d'après certaines manières un peu brusques, qui tenaient à l'impétuosïté de son caractère, et qu'il réprimait d'ailleurs le plus qu'il pouvait. Pour beaucoup de personnes, une parole un peu vive, qu'il leur avait dite dans un premier moment, était une source de faveur. Il s'efforçait ensuite de la réparer en leur pro-

diguant toute espèce de témoignages de bonté et d'affection. Son cœur était essentiellement bon. Il aimait tendre-
ment ses prêtres, leur était tout dévoué, et tant qu'ils se
montraient dociles à la direction qu'il leur donnait par
lui-même ou par ses grands-vicaires, il les défendait envers et contre tous. On sait combien il affectionnait son
séminaire, dont il était le créateur. Il donna à sa mort la
preuve la plus évidente de cette affection et de son zèle
pour le bien de l'Église, en l'instituant son légataire universel dans la personne du respectable M. Holley.

Après la mort du cardinal Cambacérès, on découvrit
une multitude de bonnes œuvres qu'il avait opérées dans
le secret, et par lesquelles il avait secouru grandement
d'honorables infortunes. Des familles, qui présentaient
l'aspect de l'aisance, lui devaient leur subsistance tout
entière.

NOTE 7ᵉ.

Par un rapprochement assez singulier, M. l'abbé Holley,
qui devait pendant toute sa vie avoir des rapports si intimes avec M. Motte, était né sur une ferme appartenant à la famille de ce dernier, et dont plus tard il était
devenu le possesseur. Nous croyons faire plaisir à nos lecteurs en entrant ici dans quelques détails sur la vie de ce
pieux et vénérable ecclésiastique, qui a laissé tant de
souvenirs dans la ville de Rouen.

M. Pierre-Augustin Holley naquit à la Trinité-du-Mont,
le 17 novembre 1765. Il fit ses premières études partie à
Rouen, partie au collége ecclésiastique de Vergetot, près
Fécamp, fondé par M. l'abbé de Valleville, en 1777, et dé-
truit en 1790. Après ses humanités, il entra au séminaire
Saint-Nicaise de Rouen, et suivit, avec les élèves de cette
maison, les cours de philosophie et de théologie. Dès cette

époque, M. Holley se montra un sujet des plus distingués. On se rappelle encore l'éclat avec lequel il soutint plusieurs thèses publiques de philosophie et de théologie. Promu aux ordres sacrés, mais n'étant pas encore prêtre, il fut envoyé comme professeur au collége de Pavilly, dirigé par M. l'abbé Ferrand, mort curé de cette paroisse. Ce fut pendant le séjour qu'il fit dans cette maison, qu'il fut appelé à recevoir l'ordination de la prêtrise.

Le mérite du jeune professeur fut bientôt connu dans la contrée qu'il habitait. M. d'Acquigny, chef de la famille d'Esneval, et si connu dans les diocèses de Rouen et d'Évreux par sa grande piété et les magnifiques églises qu'il a bâties, lui confia l'éducation de son petit-fils, M. de Pommereux, qui venait de perdre ses père et mère. M. Holley se dévoua tout entier à l'œuvre honorable qui lui était confiée. Il suivit son élève dans ses diverses résidences, à Acquigny, à Rouen et à Paris. Il était dans cette dernière ville avec son élève, au collége du Plessis, lorsque la révolution sévit dans toute sa fureur.

Après le massacre des prêtres et des évêques, qui eut lieu aux Carmes et à Saint-Firmin, en septembre 1792, M. Holley quitta la maison d'Esneval, et vint se réfugier dans sa famille.

Son premier dessein avait été de rester en France et de s'y dévouer, comme tant de généreux prêtres, aux fonctions alors si périlleuses du saint ministère ; mais diverses circonstances le forcèrent à s'expatrier. Il quitta sa famille en octobre 1793, pour se rendre en Belgique.

Ce trajet était alors on ne peut plus difficile. La frontière était occupée par les armées françaises, et la disposition des esprits, à cette époque, ne lui permettait pas de se faire connaître. La Providence le protégea d'une manière presque miraculeuse. Il traversa, sans être reconnu, plusieurs corps d'armée, et parvint sans accident jusqu'à Namur, qui n'était pas encore tombé au pouvoir des Français.

Lorsque M. Holley arriva à Namur, la chaire de seconde, du collége de cette ville, se trouvait vacante et devait être donnée au concours. Beaucoup de concurrents s'étaient déjà rendus dans la ville à cet effet. Les sujets de composition avaient été rendus publics, et étaient parvenus à la connaissance de M. Holley. Par une sorte de désœuvrement, et pour céder aux instigations de M. l'abbé Faucon, son ancien professeur de philosophie, M. Holley, sans y attacher une grande importance, concourut comme les autres. Il se trouva qu'il avait de beaucoup surpassé ses rivaux. La chaire de seconde lui fut donc offerte. Cette circonstance imprévue dérangeait entièrement les plans de M. Holley, qui n'avait pas dessein de rester si près du théâtre de la guerre ; mais les armées de la république le tirèrent bientôt d'embarras, en s'emparant de la ville.

M. Holley quitta alors la Belgique et se dirigea vers l'Allemagne. Après plusieurs migrations successives, il se fixa à Passau. Là, diverses circonstances le mirent en rapport avec les princesses de la maison de France, exilées comme lui. Il eut surtout la confiance intime de la reine de France, épouse de Louis XVIII, qui l'avait choisi pour son confesseur. Plus tard, lorsqu'il fut revenu en France, M. Holley ne parlait que rarement, et seulement à ses amis les plus intimes, de cette époque mémorable de sa vie. Son extrême modestie lui fit toujours éviter, avec le plus grand soin, ce qui eût pu lui donner de l'éclat aux yeux des hommes.

Après un séjour assez longtemps prolongé à Passau, M. Holley quitta cette ville, et se rendit dans la Silésie autrichienne. Là, comme partout ailleurs, son mérite ne tarda pas à percer. Le gouverneur de la province l'appela chez lui, et lui confia l'éducation de son fils.

M. Holley, s'il eût voulu rester en Allemagne, voyait s'ouvrir devant lui le plus brillant avenir; mais il n'avait pas oublié sa patrie, ni son diocèse, son cœur y était resté; aussi s'empressa-t-il de revenir en France dès que la possibilité lui en fut ménagée par la divine Providence.

Au commencement de 1802, il était de retour à Rouen. A l'époque du Concordat, Mgr Cambacérès, nouvellement arrivé à Rouen, le nomma vicaire de sa Cathédrale. C'est là qu'il se retrouva avec le vénérable M. Motte, qu'il avait déjà connu. Ils opérèrent l'un et l'autre le plus grand bien dans cette paroisse.

En 1805, Mgr le cardinal Cambacérès ouvrit son séminaire diocésain. M. Holley, plus que tout autre, lui parut digne d'en être établi le supérieur. C'était une charge des plus pesantes qui lui était alors imposée. Il s'agissait véritablement de fonder le séminaire. Les éléments les plus essentiels manquaient, le bâtiment lui-même était dans un état de délabrement complet. M. Holley fit face à tout. Aidé de plusieurs collaborateurs, tous dévoués, il mit bientôt cet établissement précieux dans un état prospère. Dans les commencements, on établit aussi des classes d'humanités au séminaire de Rouen, et l'on put juger de la confiance universelle qu'inspirait M. Holley, en voyant les familles les plus distinguées du diocèse s'empresser de placer leurs enfants sous sa direction.

En février 1807, après la mort de M. l'abbé Turgard, Mgr Cambacérès le nomma son vicaire-général, et en 1809, il fut de plus professeur d'histoire ecclésiastique et doyen de la faculté de théologie. La confiance du prélat envers M. Holley était sans bornes. Il l'avait aussi choisi pour son confesseur, et c'était un grand sujet d'édification pour les élèves du séminaire que de voir, tous les samedis, ce prince de l'Église venir ostensiblement au séminaire pour se confesser à M. l'abbé Holley.

Pendant les vingt années que M. Holley passa au séminaire de Rouen, il remplit admirablement les devoirs que lui imposait sa charge. Le bien du diocèse, c'était là son unique pensée, l'unique préoccupation de son esprit. Dans les classes d'histoire ecclésiastique et de Rituel, qu'il faisait régulièrement aux séminaristes, il ne s'en tenait pas à l'objet strict et rigoureux de son enseignement; mais il savait profiter des occasions qu'il lui présentait pour donner à ses élèves une foule de règles pratiques, dont ils devaient trouver l'application fréquente dans leur futur ministère. Il leur recommandait par-dessus tout l'humilité, la simplicité, l'esprit de paix et de prudence, et plus particulièrement encore le respect et la soumission envers l'autorité ecclésiastique. M. Holley avait un talent tout particulier pour faire goûter ses leçons et les graver profondément dans la mémoire de ses auditeurs. Beaucoup de ses anciens élèves, après vingt et trente ans, croient encore se souvenir de tout ce qu'il lui ont entendu dire, et souvent dans leurs doutes, leurs perplexités, ils se surprennent se demandant en eux-mêmes ce que leur eût répondu M. Holley, s'ils eussent pu le consulter dans telle ou telle circonstance.

A sa mort, Mg^r le cardinal Cambacérès le nomma son exécuteur testamentaire, et s'en remit entièrement à lui du soin d'exécuter ses pieuses dispositions en faveur du séminaire. M. Holley remplit ponctuellement et religieusement les intentions du généreux prélat. Avec les fonds qui lui avaient été légués, il acquit le Mont-aux-Malades, et mit ce petit séminaire en l'état de prospérité où on le voit aujourd'hui.

Pendant la vacance du siége qui suivit la mort de Mg^r le cardinal Cambacérès, arrivée en octobre 1818, M. Holley eut la principale part dans le gouvernement du diocèse. MM. Tuvache et Malleux, autrefois ses supérieurs et ses maîtres, se plaisaient non-seulement à le regarder comme leur collègue, mais encore à s'aider de ses lumières et de ses sages conseils.

Mg^r de Bernis, pendant les trois années qu'il passa à Rouen, donna aussi à M. Holley les plus grandes marques de confiance. Il lui continua ses titres de vicaire-général et de supérieur du séminaire.

Mg^r de Croï, à son arrivée à Rouen, ne jugea pas à propos de le conserver comme grand-vicaire, et en 1825, il donna un autre supérieur au grand séminaire. M. Holley se retira alors sans bruit et sans murmure. Rentré dans la vie privée, il n'en continua pas moins de faire le bien, et de donner l'exemple de toutes les vertus sacerdotales. Loin d'attirer auprès de lui ceux qui eussent pu prendre prétexte du changement de sa position pour exciter dans son âme quelques sentiments d'amertume et de murmure, il était le premier à réprimer avec sévérité toute parole tendant à ce but qu'on eût pu proférer devant lui. Jamais Mg^r de Croï n'eut dans son diocèse un prêtre plus soumis, plus respectueux, plus affectionné. Il était toujours prêt à donner, avec simplicité et abandon, les renseignements dont pouvaient avoir besoin les nouveaux grands-vicaires qui lui avaient succédé. Il reprit alors du ministère dans la ville de Rouen, et vit revenir à lui un grand nombre de ses anciens pénitents. Il reparut aussi dans la chaire de la Métropole, dont il s'était éloigné pendant toute la durée de son séjour au séminaire, et là, il brilla d'un éclat qu'on n'attendait pas de lui, tant sa grande modestie était ingénieuse à cacher, autant que possible, son mérite éminent en tout genre. Dans un Avent, qu'il prêcha à la Cathédrale, M. Holley se montra orateur du premier ordre. La ville entière accourait pour entendre ses pieuses et éloquentes paroles ; on ne se lassait pas d'admirer sa pose majestueuse en chaire, l'aisance et la sagesse de son débit, la pureté de sa diction, et surtout la science profonde et l'exquise sensibilité dont tous ses discours portaient l'empreinte. Il est à regretter que l'on n'ait pas encore mis à exécution la pensée que l'on avait eue d'abord de livrer ses sermons à l'impression. Plus que beaucoup d'autres, ils étaient capables de soutenir cette épreuve.

M. Holley continua ainsi pendant cinq années à édifier la ville, et en particulier le clergé de Rouen. Il mourut le 10 octobre 1830, précisément dans le même hôtel, rue de la Chaîne, qu'il avait habité dans sa jeunesse avec la famille d'Esneval, lorsqu'il faisait l'éducation de M. de Pommereux.

C'est, sans contredit, un des hommes qui ont fait le plus d'honneur au diocèse de Rouen, et qui se sont acquis le plus de droits à l'estime et à la reconnaissance de tous les gens de bien.

NOTE 8e.

Le premier sentiment de M. Motte, lors de sa nomination à la cure de Saint-Maclou, fut un sentiment d'effroi qui prenait sa source dans son humilité profonde. Il se regardait comme absolument incapable de supporter une telle charge. Plusieurs de ses intimes amis étant venus le féliciter de sa promotion le trouvèrent fondant en larmes. Il les tint longtemps embrassés l'un après l'autre, et ne cessait de leur répéter : *Oui, mes bons amis, c'est sur moi qu'on impose un si pesant fardeau !... Pourrai-je le porter ? Priez Dieu qu'il m'aide, qu'il me soutienne.* Pendant que ces

mêmes amis l'aidaient dans son emménagement, il inter-
rompait souvent leur travail pour leur dire en pleurant :
*Mes amis, suis-je capable d'occuper une pareille place? Oh!
si Dieu ne m'assiste, je ne porterai jamais un tel fardeau.
Priez le bon Dieu pour moi.*

Sous un extérieur froid et en apparence impassible,
M. Motte cachait une âme profondément sensible. Très-
souvent les larmes étaient sur le point de s'échapper de
ses yeux, mais très-souvent aussi sa foi et son grand courage le faisaient triompher de sa sensibilité.

NOTE 9e.

Personne n'était étranger à la charité de M. Motte, et il
aimait à la signaler de préférence envers ceux-là même
qui eussent le moins osé en implorer le secours. Un malheureux prêtre, qui avait fait ses études avec M. Motte,
s'était laissé séduire par les idées de la révolution. Non-
seulement il avait prêté le serment condamné par l'Eglise,
mais il avait poussé le scandale jusqu'à remettre publiquement ses lettres de prêtrise et contracter un mariage
sacrilége. Dans une grande maladie, la terreur des juge-
ments de Dieu s'empara de son âme : bourrelé par les
remords, il appela M. Motte, qui se rendit aussitôt
auprès de lui.

M. Motte l'entend, lui donne les consolations et les conseils dont il avait un si grand besoin. Il fait renaître la
paix et l'espérance dans l'âme du malade, qui, revenu en
santé et toujours dirigé par les sages conseils de M. Motte,
se retira sans esclandre d'avec sa femme, et, du consen-
tement de cette dernière, alla porter sa pénitence et son
repentir à Paris. Là, avec un fils déjà grand, il se livra à
un travail assidu qu'il regardait comme une trop douce

pénitence de ses scandales passés. Sur le prix de ce travail il ne prenait pour lui-même que le strict nécessaire, et faisait passer le reste à celle que sa conscience l'avait obligé de quitter, et qui, de son côté, se dévouait tout entière à l'éducation de ses autres enfants.

M. Motte n'abandonna pas non plus cette malheureuse femme revenue aussi à de meilleurs sentiments. Dans une dernière visite qu'il fit à cette famille, s'étant aperçu de son état de gêne et voulant cependant ménager sa susceptibilité, il déposa secrètement dans la maison une somme d'argent assez considérable.

C'est le fils aîné de ce prêtre converti et secouru par M. Motte, qui a rendu ce témoignage.

Sa générosité n'était pas moindre envers les personnes de sa connaissance qui, quoique habituellement dans une position aisée, se trouvaient par circonstance dans des embarras de fortune. Un de ses amis, par un excès de franchise et de bonne foi, s'était mis dans un mauvais pas. Il se trouvait obligé de payer sur le champ une somme considérable, et ne savait où trouver cette somme. M. Motte en entend parler. Au bout d'une heure il était chez l'affligé : *Mon enfant*, lui dit-il, *vous avez besoin. Demandez-moi ce qu'il vous faut, je vous le donnerai de suite.* On profita de son offre obligeante, et dans plusieurs autres circonstances on eut encore recours à son bon cœur. M. Motte était toujours prêt à en donner des preuves. On pense bien qu'alors il n'était pas question de stipuler des intérêts. Quand on lui rapportait ce qu'il avait prêté, il fallait dîner ou souper avec lui, et il disait toujours : *Venez quand vous voudrez, n'épargnez pas.*

Ces derniers faits nous ont aussi été attestés par les personnes mêmes qui ont fait ainsi l'expérience de la bonté de M. Motte.

NOTE 10ᵉ.

M. Motte avait une bibliothèque nombreuse et bien choisie. Il ne se contentait pas d'en faire usage pour lui-même ; mais il la laissait à la disposition non-seulement de tous les prêtres, mais encore des séminaristes. Beaucoup d'élèves du séminaire, qui ne connaissaient même pas M. Motte, et ne lui avaient jamais parlé, venaient sans façon, aux jours de congé, prendre dans sa bibliothèque les livres qui pouvaient les intéresser. La chose paraissait toute naturelle ; on ne croyait pas même devoir lui demander sa permission, ni venir le remercier. Cette bonté, peut-être excessive, de M. Motte lui a occasionné la perte de plus d'un volume ; mais il ne se rebutait pas et continuait de laisser sa maison ouverte à tout le monde.

NOTE 11ᵉ.

C'est de M. Motte que date l'usage adopté assez généralement par les prêtres de la ville de Rouen, de se trouver régulièrement auprès de leurs confessionnaux à certaines heures, et d'y attendre les pénitents qui pourraient survenir. Il introduisit cet usage dès son arrivée à Saint-Maclou. On commença d'abord par le plaisanter un peu, mais bientôt les prêtres zélés pour le salut des âmes, remarquèrent que de cette pratique pouvait résulter le plus grand bien. Plus d'un pécheur, entré d'abord dans l'église sans avoir l'intention de se confesser le jour même, voyant un prêtre l'attendre, pour ainsi dire, auprès de son confessionnal, se sentait pressé par la grâce. Il profitait de cette occasion favorable, faisait le premier pas, et de là datait souvent sa conversion entière. Aussi l'exemple de M. Motte fut bientôt imité par beaucoup de pieux ecclésiastiques, et l'on ne peut dire quel bien immense s'en est suivi. C'était là le premier conseil qu'il donnait à ses nouveaux vicaires.

NOTE 12ᵉ.

M. Motte portait un intérêt tout particulier aux jeunes gens. Sa longue expérience jointe à son esprit de tact et de discernement, l'avaient mis plus que tout autre à même de les bien connaître, et de savoir par quelle voie il fallait les conduire. C'était surtout à leur égard qu'il savait admirablement concilier la fidélité aux règles, et une douce et paternelle indulgence. Aussi, même après de longs écarts, les voyait-on souvent revenir à lui. Plus d'une fois, après avoir encouru trop justement l'animadversion de leurs parents, ils vinrent se jeter à ses pieds, lui protester de leur repentir et de leurs bonnes résolutions pour l'avenir. M. Motte les accueillait alors avec bonté, et après leur avoir bien fait sentir tous leurs torts, il se chargeait de négocier lui-même leur réconciliation avec leurs familles. Ses premières tentatives n'étaient pas toujours suivies de succès; mais il ne se rebutait pas, il revenait à la charge, et finissait presque toujours par atteindre son but. Grâce à cette charité compatissante, M. Motte a retiré de la mauvaise voie un grand nombre de jeunes gens qui ont fait ensuite la gloire et la consolation de leurs familles.

Ce fut aussi bien souvent à l'intérêt tout paternel qu'il leur avait témoigné dans leur première jeunesse, qu'il dût d'être appelé au lit de la mort par des hommes avancés en âge, et qui avaient vécu dans l'oubli de Dieu et des sacrements.

NOTE 13ᵉ.

M. Motte ne visait nullement à la réputation de prédicateur, il parlait toujours de la manière la plus humble de ses instructions. On en trouve la preuve jusque dans ses dispositions dernières. Dans son testament on lit ces mots : *je donne et lègue mes prônes et sermons*, QUI NE SONT PAS GRAND'CHOSE, etc. Il paraît qu'il tenait tout particulièrement à ces paroles, car on les retrouve, absolument les mêmes, dans plusieurs autres testaments qu'il avait rédigés à diverses époques de sa vie.

Nous n'avons eu que quelques instants sous les yeux plusieurs sermons prononcés par M. l'abbé Motte, soit à Saint-Maclou, soit à la Cathédrale de Rouen, et ce n'est qu'à la hâte que nous avons pu en extraire quelques fragments. Nous les reproduisons ici, convaincus que nos lecteurs ne nous en sauront pas mauvais gré et qu'ils aimeront à se rappeler en les lisant les paroles si simples, mais si pieuses par lesquelles M. Motte opérait tant de bien dans les âmes.

Sauf quelques légères modifications, M. Motte, au commencement de chaque année, adressait à peu près la même instruction à ses paroissiens. Voici quels souhaits il leur adressait encore le 3 janvier 1841.

« Mes Frères, une année finit, une autre commence. Que de réflexions cette circonstance doit faire naître en nous ! Comment l'avons-nous passée cette année qui vient de se terminer ? Quel bien avons-nous fait ? Quel mérite avons-nous acquis pour le ciel ? Si nous rentrons en nous-mêmes, n'aurons nous pas à gémir du peu de fruit que nous avons retiré des grâces de notre Dieu ? Mais ce n'est pas assez de gémir sur le passé, il faut se préparer à mieux profiter de l'avenir ; il faut qu'avec l'année qui finit, finisse aussi le règne du péché ; qu'avec elle finissent les haines, les vengeances, les jalousies, l'intempérance, l'impureté, les scandales, et qu'à la place de tous ces vices on voie renaître la piété, la modestie, la chasteté, la justice, la bienfaisance, l'union des cœurs.

« Voilà ce que nous désirons pour vous, nos très-chers frères, ce que nous demandons pour vous au Dieu des miséricordes. Nous lui demandons qu'il répande sur vous et sur tout ce qui vous appartient, ses abondantes bénédictions; qu'il éloigne de vous les maladies, les afflictions, les tribulations de la vie, ou qu'il vous donne la force de les supporter et de les faire servir à votre sanctification, s'il entre dans les desseins de sa justice de vous envoyer ces épreuves. Nous lui demandons qu'il prolonge votre vie, qu'il multiplie vos années, mais plus encore qu'il vous fasse bien sentir la rapidité avec laquelle le temps s'écoule, et par conséquent la nécessité de l'employer à la pratique des vertus chrétiennes, à amasser des richessses pour le ciel.

« ...... La vie de l'homme, qu'est-elle? Un songe qui s'enfuit, une feuille que le vent emporte, une vapeur qui s'élève dans l'air, et que le moindre souffle dissipe, nous dit l'apôtre Saint-Jacques..... Que vous semble des vingt, trente, cinquante ans que vous avez vécu? Tout cela vous paraît-il un espace bien long? Interrogez un vieillard: Il me semble, vous dira-t-il, qu'il n'y a que deux jours que j'étais enfant.... Il n'y a pas longtemps que vous étiez les plus jeunes de vos familles, aujourd'hui vous en êtes les chefs les plus anciens. Vous dites souvent que *les enfants grandissent vite*; et que vous disent-ils en grandissant? Que bientôt ils vont prendre votre place, et qu'il faut que vous vous hâtiez de la leur céder..... Et vous agissez comme si vous deviez toujours vivre, comme si vous n'aviez rien à craindre après la mort, et vous ne profitez pas de ce peu de temps qui vous est encore donné! Mon Dieu, que les hommes sont aveugles, qu'ils entendent bien peu les intérêts de leur salut! Pour les affaires du monde, ils sont sages, prévoyants, intelligents; et pour la seule affaire importante qui doive les occuper, ils agissent comme des enfants, comme des insensés ? »

« ..... Que conclure de tout cela ? Le voici : Si la mort frappe ses victimes sans les prévenir, je dois donc craindre d'être du nombre de celles qu'elle a désignées pour cette année, et par conséquent me tenir prêt. Je dois donc, sans différer davantage, mettre ordre à ma conscience, restituer ce bien mal acquis, me réconcilier avec cet ennemi, corriger cette mauvaise habitude, quitter cette occasion dangereuse, sortir de cette funeste indifférence qui m'a fait transgresser si souvent les saints devoirs de la religion, négliger la prière, la sanctification du jour du Seigneur, la fréquentation des sacrements..... O mon Dieu, que j'ai été insensé jusqu'à ce jour ! Je vous ai quitté pour courir après des fantômes, pour ne m'occuper que de la vanité. Ah ! malheur à ces années que j'ai passées loin de vous ! O temps précieux que j'ai perdu vous ne reviendrez plus ; vous m'échappez pour toujours, vous ne me laissez que le triste souvenir des iniquités que j'ai commises. »

M. Motte, se réservait ordinairement le soin d'annoncer la Pâque à ses paroissiens, et dans cette circonstance, il ne se montrait pas moins pressant, ni moins paternel.

« ..... Quelle joie pour l'Église dans les premiers temps ! Elle voyait réunis au banquet sacré tous ses enfants quelque fût leur état, leur condition ; les maîtres et les serviteurs, les riches et les pauvres, les souverains comme les sujets, les magistrats, les généraux d'armée ; personne ne se dispensait de ce devoir sacré.... Quel beau spectacle présentait alors l'Église aux païens dont elle était environnée ! Elle était, pour me servir de l'expression de l'Écriture, *comme une armée rangée en bataille*, où chacun tenait son rang, où chacun occupait sa place. Le pasteur pouvait compter ses brebis à la table sainte, et s'assurer qu'il ne lui en manquait aucune de celles qui lui avaient été confiées. »

« Que les temps sont changés! Aujourd'hui s'il fallait compter les habitants de cette paroisse populeuse par le nombre de ceux qui se présentent à la communion pas- chale, que ce nombre paraîtrait petit! Ah! c'est bien dans ces jours que se vérifie ce qui est dit dans les prophètes, que le nombre de ceux qui sont fidèles au Seigneur est semblable à ces grappes de raisin que l'on trouve encore dans la vigne après la vendange; semblable à ces épis qui échappent à la main du moissonneur. Autrefois on était remarqué quand on ne faisait pas ses pâques, c'était une espèce d'opprobre..... Quel scandale aujourd'hui! Ce ne sont pas quelques personnes seulement qui négligent le précepte, c'est le grand nombre, c'est la multitude. Ah! gémissez, âmes chrétiennes, sur cet affaiblissement de la foi et de la religion; et vous, ministres des autels, pleu- rez sur tant de chrétiens sourds à la voix de Dieu et de l'Église. Pleurez sur les enfants que vous avez conduits vous-mêmes à la table sainte, et qui déjà ont oublié leurs promesses et leurs serments. »

« Et vous, chrétiens coupables, serez-vous insensibles à ces larmes que l'on verse sur vous? Quoi! à l'approche de ces grandes solennités, ne sentez-vous pas la religion se réveiller en vous? Quoi! tandis que vos frères vont monter avec joie au temple pour célébrer la pâque du Seigneur, resterez-vous, comme des incirconcis, des anathêmes, sé- parés du peuple d'Israel? Quoi! ni les invitations de l'Église, ni les promesses de Jésus-Christ, ni les menaces qu'il fait à ceux qui transgressent ce précepte ne pourront vous toucher?... Oh! que vous entendez bien mal vos pro- pres intérêts!...

« O vous, qui depuis si longtemps négligez ce précepte

sacré, souffrez que je vous le demande : Etes-vous chrétiens? Si vous me répondez que vous ne l'êtes pas; qu'êtes-
vous donc, vous dirai-je? De criminels apostats. Car vous
l'avez été, chrétiens; vous avez été marqués du sceau
sacré du baptême.... Mais nous sommes chrétiens, me
dites-vous; nous aimons notre religion, nous serions bien
fâchés d'y renoncer. Non, vous n'êtes pas chrétiens; vous
êtes des païens, des publicains, des hommes scandaleux
dans l'Église. C'est Jésus-Christ qui nous autorise à vous
donner ces odieuses qualifications : *Si quelqu'un n'écoute
pas l'Eglise*, nous dit ce divin Sauveur, *qu'il soit pour vous
comme un païen et un publicain.*

« Pour vous, chrétiens, qui voulez obéir à l'Eglise et
répondre aux invitations de votre Dieu; venez, venez
sans crainte manger ce pain des forts qui vous fera marcher avec courage jusqu'à la sainte montagne d'Horeb.
Venez, qui que vous soyez, riches ou pauvres. Vous
n'avez besoin d'argent ni d'or pour vous procurer la nourriture la plus délicieuse. Le Seigneur ne rejette personne.
Les pauvres, les infirmes, les boiteux, tous sont admis.
Que votre bonté est grande, ô mon Dieu! que votre miséricorde est admirable!.... »

Dans les paroles qu'il adressait aux enfants au moment
de la première communion, M. Motte ne croyait pas
devoir s'en tenir à exciter dans leurs jeunes cœurs les
émotions d'une sensibilité trop passagère, mais plus que
jamais, dans ce moment solennel, il insistait sur l'instruction. Il leur exposait avec force et précision le dogme
sacré de l'Eucharistie, s'attachant à leur faire bien com-
prendre que c'était Dieu lui-même, Notre-Seigneur Jésus-
Christ en personne, son corps, son sang, son âme, sa di-
vinité qu'ils allaient avoir le bonheur de recevoir. Mais
l'exactitude théologique de ses paroles ne les empêchait

pas d'être vives et chaleureuses. Combien ne devaient-ils pas être profondément émus, lorsqu'au moment même où l'hostie sainte allait être déposée pour la première fois sur leurs lèvres, ils entendaient ce vénérable pasteur adresser à Dieu cette fervente prière :

« Il est donc vrai, ô mon Dieu! que votre bonté et votre libéralité n'ont point de bornes, et que parmi vos divines perfections la miséricorde est celle qui éclate davantage. Ah! nous l'implorons dans ce moment, cette miséricorde infinie. Nous nous prosternons à vos pieds, soyez-nous propice, ô Dieu d'Israël. Jetez un regard favorable sur ces tendres enfants. Voyez leur douleur, leurs larmes. Ecoutez l'humble prière qu'ils vous adressent. Mon Dieu! vous dit chacun d'eux au fond de son cœur, je vous ai offensé, j'ai transgressé vos lois saintes, j'ai mérité toute la rigueur de votre justice, et vous daignez me pardonner!... Non content de me compter encore au nombre de vos enfants, vous voulez vous donner à moi et venir habiter dans mon propre cœur. Ah! avant d'y établir votre demeure, dans ce cœur coupable, purifiez-le vous-même, éteignez-y ce fol amour du plaisir qui le tourmente et tous ces désirs contraires à votre loi. Lavez-moi, ô mon Dieu, afin que je sois blanc comme la neige. *Dites une seule parole, et mon âme sera guérie.* »

Et après la communion, les paroles du bon pasteur n'étaient pas moins pieuses ni moins utiles à son jeune auditoire :

« Maintenant, mes enfants, c'est le Seigneur lui seul que vous devez aimer, c'est lui que vous devez écouter, c'est lui que vous devez suivre, et soit qu'il vous conduise par la voie de l'humiliation et des peines, soit qu'il vous fasse marcher par le chemin de la prospérité et des consolations, n'oubliez jamais que vous ne trouverez de véritable bonheur qu'autant que vous l'aimerez, que vous serez fidèles à ses lois saintes. Si vous aviez le malheur de vous éloigner de lui, vous ne rencontreriez bientôt plus que tribulations et amertumes. Vous seriez du nombre de ces impies pour lesquels il n'y a ni paix ni félicité. Non, mon Dieu, devez-vous lui dire, je ne vous abandonnerai jamais. Je veux m'attacher à vous comme au plus fidèle des amis, au plus tendre des pères, au plus puissant des protecteurs. Je veux me conserver à vous sans réserve. Que toutes mes pensées, tous mes désirs se portent donc désormais vers vous, ô mon Dieu ! que mes yeux ne voient que vous ; que mes oreilles n'entendent que vous ; que mon corps ne travaille, que mon esprit ne veille que pour vous ; que mon cœur ne soupire que pour vous ; que ma langue s'attache au palais de ma bouche plutôt que j'oublie jamais vos bontés. »

Il était encore une autre époque de l'année où les paroissiens de la Cathédrale aimaient à entendre M. Motte. C'était le Dimanche du *Bon Pasteur*. C'était à lui ordinairement qu'était réservé le prône de ce jour. M. Motte, qui évitait toujours de se mettre en évidence, se gardait bien alors de parler de lui-même ; il ne parlait que du bon pasteur par excellence, de Notre - Seigneur Jésus-Christ, source du sacerdoce chrétien ; mais, à son insu, ses auditeurs savaient bien lui faire l'application de ses propres paroles, et remarquer combien était frappante sa ressemblance avec le divin modèle. Nous donnerons ici quelques fragments d'un prône qu'il donna pour la dernière fois à la Cathédrale, le dimanche du *Bon Pasteur* de l'année 1842 (il était alors âgé de plus de quatre-vingts ans) ; plus que tout autre, il nous paraît propre à donner une vraie idée de la manière de prêcher de M. Motte :

« . . . . . Connaissez-vous bien, mes Frères, le divin pasteur de vos âmes? Connaissez-vous sa religion, ses commandements? C'est dans cette connaissance que consiste la vie éternelle. Toutes les lumières de l'esprit, toutes les sciences humaines, qui inspirent tant d'orgueil à ceux qui les possèdent, ne sont que vanité si elles sont séparées de la science de Dieu. Que nous servirait de savoir tous les secrets de la nature, de retenir dans notre mémoire toute l'histoire des temps qui nous ont précédés, sans la connaissance de Jésus-Christ et de sa loi? Que servent aux savants de nos jours les découvertes qu'ils font dans les sciences les plus abstraites, dès qu'ils méconnaissent l'Évangile? Un pauvre paysan qui connaît Dieu et le sert fidèlement vaut mieux, dit le pieux auteur de l'*Imitation de Jésus-Christ*, qu'un philosophe superbe qui s'amuse à considérer le cours des astres et néglige le soin de son salut. »

« Et qu'est-ce que connaître Jésus-Christ? C'est savoir qu'il est le fils de Dieu, Dieu comme son père, à qui il est égal en toutes choses; qu'il s'est fait homme pour nous racheter, qu'il est mort pour expier nos péchés, mais qu'il a triomphé de la mort, du démon et du péché; qu'il est ressuscité, qu'il est monté au ciel, d'où il descendra à la fin des temps pour juger les vivants et les morts. Connaître Jésus-Christ, c'est connaître sa loi, ses préceptes, ses maximes, sa morale, en pénétrer l'esprit, les intentions, la fin, et y conformer sa conduite. »

« Voilà des connaissances nécessaires ; et combien les ignorent ! Nous en rencontrons tous les jours dans le cours de notre ministère, pour lesquels Jésus-Christ est un Dieu inconnu, qui ne savent pas même s'il y a un Saint-Esprit, qui sont dans la plus profonde ignorance par rapport aux principales vérités de la religion et aux devoirs qu'elle impose, parce qu'ils ont toujours négligé d'assister aux instructions de leur pasteur. Ce sont des brebis nées, il est vrai, dans la bergerie du père de famille, mais qui en sont sorties dans leur jeunesse et n'y sont pas rentrées. Elles errent dans des déserts, dans des terres incultes où elles ne trouvent qu'une nourriture empoisonnée et deviennent la proie des bêtes féroces. »

« ..... O vous, qui connaissez le bon Pasteur, qui vivez sous sa conduite, qui êtes nourris depuis longtemps dans les pâturages où il fait paître ses brebis, ayez pitié de ces malheureux que vous voyez courir à leur perte. Parlez-leur de ce divin pasteur de vos âmes; de sa bonté, de sa douceur, du bonheur qu'on éprouve quand on lui reste attaché. Montrez-leur le chemin qu'il faut prendre pour le trouver. Conduisez-les vous-même jusqu'à lui, afin qu'ils le voient, qu'ils le connaissent, et qu'ayant entendu sa voix ils y soient dociles et soient réunis au même troupeau. »

« Ici, mes Frères, une réflexion importante se présente à mon esprit. Il y a actuellement réunies dans ce temple beaucoup de personnes qui aiment leur religion, qui la connaissent; beaucoup de personnes qui ont de la fortune, qui peuvent disposer d'une partie de leur temps..... Oh ! si chacune d'elles voulait employer seulement deux heures par semaine pour instruire ceux qui sont dans l'ignorance de leur religion ! que d'aveugles dont les yeux seraient ouverts à la lumière de la foi ! que de brebis seraient ramenées à la bergerie ! que de mérites ces âmes pieuses amasseraient pour le ciel ! que de consolations elles se procureraient même dans la vie présente ! Oh ! si vous ne pouvez pas, si vous ne voulez pas éclairer les malheureux qui vivent dans les ombres de la mort, engagez-les à venir vers nous. Nous les recevrons avec bonté, quel que soit leur âge, leur état. Nous prendrons les heures qui leur seront les plus convenables ; nous nous prêterons à tout, afin de leur faire connaître le bon Pasteur et de les remettre sous sa conduite. »

« ..... Mais vous, mes Frères, vous adoucirez nos peines, car nous en éprouvons, nous vous le disons comme à des enfants chéris et bien-aimés. Au milieu de la joie que nous ont causée votre piété, votre zèle, votre empressement à profiter des dons célestes, notre cœur a été rempli de la plus vive douleur en considérant que parmi le nombreux troupeau qui nous a été confié il y a un si grand nombre de brebis qui n'ont pas écouté la voix du divin Pasteur. Il les a appelées dans ces jours de salut, il les a invitées à s'asseoir au banquet sacré, à participer au festin préparé pour ses enfants ; eh ! qu'il est petit le nombre de ceux qui s'y sont présentés !... Où sont-elles, ô divin Pasteur, ces brebis que vous avez retirées du sein de la mort ? Ah ! elles vous préfèrent l'étranger, le monde, les passions, les richesses, les plaisirs, la volupté. Voilà leur pasteur, voilà celui qu'elles écoutent, qu'elles veulent suivre ! »

« O brebis malheureuses, quelle ingratitude pour un pasteur qui a versé son sang pour vous ! quelle folie de vous livrer à un ennemi qui ne cherche qu'à vous perdre ! .... Oh ! pleurons, mes Frères, sur cette multitude de brebis qui sont sorties de la bergerie et qui refusent d'y rentrer, quoique le bon Pasteur les appelle et les presse de revenir à lui. Ah ! brebis endurcies, infidèles, serez-vous toujours insensibles à la bonté de votre divin Pasteur ? Il vous aime encore, malgré le mépris que vous avez fait de ses lois. Il nous charge de vous faire connaître combien il désire votre retour. Il nous ordonne de vous recevoir avec bonté, de vous ouvrir tous les trésors de sa grâce. Les temps marqués pour accomplir le précepte sont passés, il est vrai ; mais sa miséricorde s'étend au-delà de tous les temps. Comme Isaac, il réserve une seconde bénédiction aux Esaü coupables qui n'ont pas profité de la première. Allez donc de suite vous jeter à ses pieds. Détestez votre endurcissement, vos faiblesses, et vous éprouverez qu'il est véritablement le bon Pasteur, il vous fera rentrer dans la bergerie, et vous pourrez encore espérer la récompense promise aux brebis fidèles. »

Qu'on nous permette ici une réflexion. Nous avions eu bien souvent le bonheur d'entendre M. Motte. Nous avions constamment admiré ce qu'il y avait de solide, d'instructif, de paternel dans ses instructions ; mais jamais nous n'avions pensé à nous occuper de son style. Personne non plus ne nous a jamais paru l'avoir remarqué sous ce rapport. Et cependant, à la simple lecture de ces fragments, pris, pour ainsi dire, au hasard, il est impossible de n'être pas frappé de sa diction, qui nous paraît rappeler en beaucoup de choses la majestueuse simplicité des Pères de l'Eglise. C'est, à notre avis, le plus bel éloge qu'on puisse faire de l'éloquence pastorale de M. Motte. Lorsqu'il était en chaire, on ne pensait plus à l'homme ni à la parole de l'homme, c'était le ministre du Seigneur, et sa parole était celle de Dieu lui-même ; on pensait aux vérités qu'il enseignait, et non à la manière dont elles étaient énoncées. Il est hors de doute que M. Motte n'a jamais pensé à se poser comme prédicateur, et cependant il est peut-être peu d'orateurs chrétiens dont la parole ait été aussi féconde dans l'ordre de la sanctification et de la grâce, et c'est là le but principal, le dernier terme des désirs de tout orateur chrétien.

NOTE 14ᵉ

Un commerçant de la ville de Rouen nous a rendu le témoignage que tous les ans, à certaines époques, il était chargé par M. Motte d'envoyer soit aux prisons, soit à d'autres maisons, trois ou quatre pièces de toile qu'il payait.

NOTE 15ᵉ.

Parmi les communautés religieuses qui conservent un précieux souvenir des bontés de M. Motte, nous citerons particulièrement celle des sœurs de la Miséricorde de Rouen. Il ne manquait jamais chaque année, à l'époque des grands froids, de venir faire une visite à la supérieure de cette maison, et de lui remettre une aumône généreuse en lui disant : *C'est pour chauffer vos petites orphelines.*

Peu de temps avant sa mort, il appela deux sœurs de cette communauté à venir faire l'école aux petites filles de sa paroisse. C'était lui qui pourvoyait personnellement aux frais du local et du mobilier des classes, qui sont les seuls qu'occasionne dans une paroisse la présence de ces religieuses, dévouées au soin des orphelines, des pauvres et des malades.

NOTE 16ᵉ.

M. Motte possédait au suprême degré une des qualités principales de tout membre d'un conseil quelconque. Sa discrétion était à toute épreuve. On s'amusait quelquefois à tenter de lui surprendre son secret. — M. le *curé*, lui disait-on, on dit que telle *mesure a été arrêtée dans le conseil.* — *Oui,* répondait-il avec un sourire, *on le dit.* — *Alors la chose peut être regardée comme certaine?* — *On le dit, puisque vous le dites,* reprenait-il. Et il était impossible d'en rien tirer davantage.

Il se tirait toujours très-adroitement des questions indiscrètes qu'on pouvait lui faire, et y faisait souvent des réponses assez piquantes. Une dame, après l'avoir accablé de compliments (ce qui n'était nullement de son goût), s'avisa un jour de lui dire : *Vous êtes si humble, mon bon M. le curé, que si on vous offrait un évêché, je suis certaine que vous n'accepteriez pas.* Puis, insistant encore : *N'est-ce pas,* continuait-elle, *n'est-ce pas, que vous refuseriez?* — *Madame,* lui répondit gravement M. Motte, *je n'ai jamais songé à réfléchir sur cette question-là.*

<h3 style="text-align:center">NOTE 17e.</h3>

Un des grands-vicaires de Mg^r de Croï, depuis promu à une dignité éminente de l'Église, disait de M. Motte, avec cette finesse d'esprit qui lui est ordinaire : *Au jugement dernier, quand le Diable voudra se faire accusateur du bon curé de la Cathédrale, il faudra qu'il soit bien malin pour lui prouver qu'il a perdu un seul instant.*

M. Motte avait une maxime favorite qu'il répétait souvent : *Quand on prétend qu'on n'a pas le temps de faire une chose à laquelle on est obligé, cela n'est pas vrai. On a toujours le temps d'accomplir un devoir.*

<h3 style="text-align:center">NOTE 18e.</h3>

M. Motte faisait une profession toute particulière de respect pour les antiques traditions de l'Église et il les étudiait constamment. Son grand axiôme était : *Nihil innovetur nisi quod traditum est.* Point d'innovation, mais seulement ce qui est appuyé sur les traditions de l'Église. Il s'était beaucoup occupé d'histoire ecclésiastique, surtout de celle des premiers siècles. Il eût été difficile de trouver quelqu'un qui parlât plus pertinemment que lui

des Pères de l'Église, de leurs ouvrages, des hérésies
qu'ils ont combattues. C'était d'après leurs enseignements
qu'il jugeait les erreurs plus modernes, en apparence,
mais qui, au fond, ne sont que la reproduction des an-
ciennes. Il avait surtout étudié, dans tous ses détails,
l'hérésie du jansénisme, et quelques personnes, qui en
étaient plus ou moins infectées, trouvèrent en lui un rude
joûteur, lorsqu'elles voulurent essayer de défendre devant
lui leurs doctrines.

NOTE 19e.

Nous transcrirons ici, sans y rien changer, une note que
nous a communiqué un prêtre qui a vécu longtemps dans
l'intimité de M. Motte. Elle donne l'idée la plus exacte de
sa manière ordinaire de vivre.

« Il ne connaissait nullement cette mollesse qui fait
« qu'on s'écoute trop, et qu'on recherche ses aises. Il se
« levait toujours de grand matin; en hiver, au plus tard,
« pour l'heure de la prière publique, qu'il faisait assez
« souvent, lorsque le prêtre de semaine manquait, soit à
« cause de son ministère, ou quelque fois d'un peu de né-
« gligence. Dans l'été, il se rendait au confessionnal pres-
« que toujours avant la prière; y restait souvent jusqu'à
« huit heures et demie ou neuf heures, pour dire la sainte
« messe, après laquelle il passait par sa chapelle pour voir
« s'il ne s'y trouvait personne qui eût besoin de son mi-
« nistère. Souvent au lieu de déjeuner, il allait visiter,
« consoler, administrer ses malades, après quoi il prenait
« à la hâte un déjeuner bien simple et bien court. S'il lui
« restait un instant de libre il rentrait chez lui, s'occu-
« pait à lire ou à composer et dire son bréviaire. Jamais il
« n'était un instant en repos, sans en excepter même le

« temps de son dîner, pendant lequel la lecture et la mé-
« ditation allaient toujours leur train. Son repas était tou-
« jours très-frugal, point de vin, de liqueurs, ni d'eau-de-
« vie. Les dimanches seulement un peu de vin et de café,
« mais toujours en petite quantité. Pendant ses repas, il
« ne faisait jamais attendre ceux qui avaient à lui parler;
« riches ou pauvres il les faisait entrer, et lorsque ce
« qu'ils avaient à lui dire n'était pas caché, ils restaient
« là dans sa salle, où ils ne pouvaient qu'être édifiés de le
« voir servi avec tant de simplicité. Souvent aussi pen-
« dant son repas, il quittait la table pour parler à ceux
« qui le demandaient, lorsqu'il s'agissait d'affaires im-
« portantes. Il payait la pension de plusieurs séminaristes;
« et lorsqu'ils étaient devenus prêtres, il leur donnait des
« livres, de l'argent, un lit, des draps, etc. etc. Il ne se
« contentait pas de porter des consolations aux malades
« de sa paroisse. Toute la ville ne suffisait pas à son zèle.
« Il n'était pas rare encore de le voir partir à plusieurs
« lieues de sa maison pour porter les consolations de la
« religion à des personnes qui réclamaient son ministère.
« Sa maison était pour ainsi dire devenue l'hôtellerie des
« prêtres, surtout des Cauchois qui venaient à Rouen pour
« leurs affaires. Il ne faisait acception de personne ; tout
« son désir était de ramener dans le chemin de la vérité
« et de la vertu, tous ceux qui s'adressaient à lui, de
« quelque opinion qu'ils fussent. Quant à lui, il ne mani-
« festait pas la sienne de peur de blesser qui que ce fût.
« Dans les moments d'émeutes et de troubles, jamais per-
« sonne ne lui a manqué, ni ne l'a troublé dans ses fonctions;
« il a été respecté de tout le monde, il n'approuvait pas
« tout ce qui se faisait d'extraordinaire en quoi que ce
« soit. En lisant le premier ouvrage de M. de La Mennais,
« il dit : *Cet homme a du talent, mais il pourra bien devenir*

« *hérétique. Il a tout ce qu'il faut pour cela.* Il était très-
« généreux et charitable, mais toujours avec prudence. Il
« a supporté la perte de ses parents et amis avec un cou-
« rage peu commun, étant guidé par la religion. Il avait
« un extérieur un peu dur, mais on remarquait en lui
« une grande douceur lorsqu'on lui parlait. Sa fermeté
« aurait quelquefois pu passer pour opiniâtreté, lorsqu'on
« n'avait pas l'occasion de le fréquenter. »

NOTE 20e.

A entendre parler M. Motte d'un grand nombre de
villes et de contrées, on eût dit qu'il les avait visitées en
personne, tant il avait su s'en faire une idée exacte. Cependant il n'avait jamais voyagé. On dit que pendant tout
le cours de sa longue vie, il n'alla que deux fois hors du
diocèse de Rouen ; et encore c'était pour accomplir un
devoir impérieux de charité sacerdotale. La première fois
il revint à Rouen le jour même ; la seconde fois, comme la
course était un peu plus longue, son retour n'eut lieu que
le lendemain.

M. Motte n'avait jamais vu Paris, mais il en avait si
bien étudié le plan, qu'il en connaissait les divers quartiers
mieux que certains habitants de la capitale. Il s'amusait
quelquefois à redresser sur ce point des personnes qui se
prétendaient bien entendues et leur montrait qu'en y faisant certaines courses elles avaient parcouru bien plus de
chemin qu'il n'était nécessaire.

La seule absence que se permît M. Motte, c'était celle
de quinze jours qu'il faisait régulièrement tous les ans
pour les passer au sein de sa famille. Là tout son temps
n'était pas exclusivement donné au repos ; il en employait
encore une grande partie à l'étude et aussi à régler les

affaires temporelles de sa nombreuse famille. M. Motte y exerçait comme les fonctions de juge de paix et d'arbitre; on attendait d'ordinaire sa venue pour terminer les différends qui pouvaient s'élever et le consulter dans les circonstances difficiles.

NOTE 21e.

Dans toute la maison de M. Motte on ne voyait qu'un seul meuble qui eût une apparence quelque peu fastueuse, c'était un lit de damas rouge (du reste d'une forme des plus antiques), placé dans sa chambre d'ami. L'origine de ce lit mérite d'être signalée. Une dame de sa paroisse le trouvant trop vieux pour sa maison, le lui avait donné pour les pauvres. M. Motte examina d'abord si l'étoffe ne pourrait pas servir à leur faire des vêtements. Voyant qu'il n'en pouvait de cette manière tirer un parti avantageux et ne trouvant d'ailleurs personne qui lui en offrît un bon prix, il se résolut à le faire estimer, en mit le prix et probablement davantage dans la bourse des pauvres, et le garda pour sa maison. Du reste, il ne s'en servait pas pour lui-même, il était réservé aux personnages de distinction. Le lit sur lequel il est mort était une simple couchette sans rideaux.

NOTE 22e.

A diverses époques de l'année, M. Motte invitait successivement à dîner le clergé et plusieurs personnes honorables de la ville. Sa table était alors abondamment servie. Jamais cependant on n'y voyait des mets recherchés. Même dans les circonstances les plus solennelles, il gardait toujours sa simplicité ordinaire. Sa table rappelait alors parfaitement celle des riches fermiers du pays de

Caux dans les jours d'apparât. Tout y retraçait les mœurs patriarchales des anciens temps.

Sans s'être fait une loi de refuser toute invitation en ville, M. Motte n'en acceptait qu'assez rarement. Il lui suffisait pour refuser d'avoir, pour l'heure qu'on lui indiquait, donné rendez-vous au confessionnal, même à une seule personne; surtout si c'était une personne d'une condition inférieure, et qui n'eût pas la libre disposition de ses moments. Mg^r le cardinal de Croï l'invitait un jour de Pâques à venir dîner chez lui après l'office du soir. — Monseigneur, lui répondit M. Motte, votre altesse éminentissime voudra bien, je l'espère, m'excuser. J'attends ce soir au confessionnal plusieurs pauvres servantes qui ne pourraient revenir un autre jour. — Monseigneur de Croï ne put qu'être édifié de cette réponse, aussi ne jugea-t-il pas à propos d'insister, et dans les années suivantes, à pareil jour, il se bornait à exprimer à M. Motte son regret de ne pouvoir l'inviter.

Lorsque M. Motte acceptait quelqu'une de ces invitations, il le faisait avec franchise et amabilité. A la table des personnes qui se faisaient honneur de le recevoir, il se montrait gai et ouvert, et faisait les délices de la conversation par cette finesse d'esprit qu'il possédait au suprême degré, et que relevaient encore sa simplicité et sa bonhomie habituelles.

NOTE 25ᵉ.

L'abnégation personnelle était une des vertus principales de M. Motte. Il s'oubliait entièrement lui-même pour ne penser qu'aux autres et aux devoirs de son ministère. Jamais on ne le vit s'abstenir d'une fonction, même tout à fait libre, par le seul motif qu'elle lui aurait été gênante; il semblait, au contraire, rechercher de préférence celles qui devaient lui imposer quelque sacrifice. En général, M. Motte était extrêmement dur à lui-même. Dans les plus grandes rigueurs de l'hiver, il n'en était pas moins exact à rester aux heures ordinaires à sa chapelle, attendant les pénitents qui pouvaient survenir. Lorsqu'on lui demandait comment il résistait au froid ; *je prends mes précautions*, répondait-il, *je mets un rochet un peu plus fort.*

NOTE 24e.

M. Motte prenait quelquefois un malin plaisir à surprendre ses vicaires en faute par rapport à l'exactitude à l'heure. Un de ses vicaires se trouvait une fois en retard pour la prière du matin. L'heure où elle devait être commencée avait sonné, qu'il était encore dans la rue, se rendant à l'église. Il presse le pas, se rend promptement au vestiaire, se revêt à la hâte d'un surplis, et monte presqu'en courant à la chaire. Au moment où il allait se placer sur l'agenouilloir pour commencer la prière, il y trouve M. Motte qu'il n'avait pas d'abord aperçu dans sa précipitation. M. Motte se retourne alors vers lui, et lui dit, avec un sourire presque imperceptible : *J'y suis.* On se doute bien que le vicaire était un peu décontenancé en redescendant l'escalier de la chaire.

NOTE 25e.

Les paroissiens de la Cathédrale avaient bien su remarquer cette touchante affection de M. Motte pour ses vicaires. Dans la belle saison, après les longs offices des grandes solennités, ils aimaient à voir ce vénérable vieillard escorté de ses trois vicaires, traverser la ville pour aller faire avec eux dans les environs un tour de promenade. On leur appliquait à cette occasion un dicton populaire devenu comme proverbial dans la paroisse. *Voyez ,* disait-on *, ce bon M. Motte avec ses vicaires , ce sont trois têtes dans un bonnet, et c'est M. le curé qui est le bonnet.*

Il installa successivement plusieurs de ses vicaires nommés à des cures par Mgr l'Archevêque. Rien qu'à le voir il était facile alors de remarquer sa tendre sollicitude. *Voyez, .* disait-on encore, *ce bon M. le curé de la Cathédrale, n'a-t-il pas l'air d'un père qui marie une de ses filles?*

NOTE 26e.

Les médecins qui ont soigné M. Motte dans ses diverses maladies, ont tous admiré la force et le courage qu'il puisait dans son abnégation, et son abandon à la divine providence. Voici une note qui nous est communiquée par celui d'entre ceux qui l'a le plus connu :

« Dans les trois graves maladies dont M. Motte a été at-
« teint depuis 1823, il se montra aussi courageux et aussi
« patient à endurer les douleurs et les conséquences de la
« maladie, qu'il était prudent et résistant pour les préve-
« nir. Le témoignage de ses médecins a toujours signalé
« d'une manière remarquable ces qualités aussi rares
« que précieuses. Après avoir éloigné par sa frugalité, sa
« régularité et de sages précautions toutes les causes les
« plus ordinaires des maladies, sa force et sa résistance au
« mal lui venaient encore en aide pour en retarder l'effet.
« Mais une fois contraint de céder à ses atteintes , il se
« posait dans cet état nouveau devenu une nécessité im-
« périeuse avec la même modération, la même prudence,
« le même calme que dans les autres circonstances de la
« vie. Cette docilité, cette confiance, ce calme de l'esprit
« et du corps aidaient merveilleusement aux soins qui lui
« étaient donnés. Même dans les crises les plus doulou-

« reuses, nulle anxiété de sa part, nulle plainte, nulle
« appréhension, nulle résistance aux moyens reconnus
« nécessaires, chances presque toujours favorables pour
« guérir, que l'on rencontre si rarement dans la plupart
« des malades, et qui secondèrent toujours si heureuse-
« ment les traitements que l'on eut l'occasion d'appliquer
« à M. Motte. »

A cette note relative aux maladies de M. Motte, nous ajouterons que ce fut principalement dans ces circonstances que l'on vit éclater tout l'intérêt que lui portaient les gens de bien. Pendant la longue maladie qu'il éprouva en 1823, le nombre des personnes qui venaient s'informer avec anxiété de l'état du malade, était si considérable que l'on fut obligé de placer à sa porte deux de ses élèves, qui du matin au soir étaient occupés constamment à prendre les noms des personnes qui se présentaient. Cette même affluence eut lieu à l'occasion d'autres maladies qu'il éprouva depuis cette époque.

NOTE 27e.

Un pauvre ouvrier était venu comme les autres à la chapelle ardente où reposait le corps de M. Motte. Comme les autres, il avait fait silencieusement le tour du lit de parade et se dirigeait déjà vers la porte pour se retirer. Tout à coup, il se retourne, se place de nouveau, les bras croisés, vis-à-vis du lit funèbre, et s'écrie d'une voix forte, mais émue : *En a-t-il donc fait du bien, ce brave homme là !*

De semblables paroles furent presque constamment répétées pendant toute la marche du convoi funèbre de M. Motte.

ROUEN. IMP. DE MÉGARD, RUE MARTAINVILLE, 200.